论黑格尔的
自然哲学

——《哲学全书·第二部分·自然哲学》导读

梁志学 / 著

人民出版社

前　　言

　　黑格尔《自然哲学》中译本出版以来,在研究德国古典哲学和自然科学哲学问题的领域里引起不少读者的兴趣,我写的那篇译者序言已经远远不能满足他们的要求,这对我所做的工作来说无疑是一种鼓舞,同时也是一种鞭策。在上海人民出版社编辑部的热情支持和推动下,现在将我近几年来评介黑格尔自然哲学的讲稿加以修改和扩充,写成这本小册子,奉献给探索真理的读者,以弥补我做得不够的地方,同时也了结我想研究黑格尔自然哲学的心愿。

　　作者深知,研究黑格尔自然哲学是远非一个人所能承担的艰巨课题。现在作者写出的小册子仅仅是在这方面提供的一个初步尝试。在这一尝试中,作者经常提醒自己:第一,力求准确把握黑格尔的原著和有关史料,避免随心所欲,把想象的东西强加到研究的对象上;第二,力求用现代自然科学的结论去解释黑格尔的合理内容,避免以古论古,把活的东西描绘成死的东西。作者的哲学和自然科学水平有限,黑格尔评述过的许多著作目前在国内又无法找到,因而这一初步尝试必定会有这样或那样的缺点和错误。所以,对于这本小册子的一切学术批评都会受到作者的欢迎。同时我们也可以预期,随着德国古典哲学研究工作者的素质的提高,随着国内图书馆事业的发展,将会有一些青年哲学家深入到黑格尔自然哲学的堂奥,发掘出更多的珍宝。

　　有些哲学家认为,黑格尔的自然哲学在自然科学方面已经过时,在哲学观点方面谬论最多,因此没有必要再加以研究。在作者看来,这种观点是片面的和错误的,因为在黑格尔的自然哲学中除了那些过时的自然科学知识和荒谬的哲学观点,还包含着他在自然观和自然科学方法论上提出的许多闪烁着辩证法光辉的思想,还有他对若干自然科学哲学问题作出的精彩的解答,因此,结合现代自然科学发展的趋势去批判地研究这些思想和答案,仍然有着现实的意义。这本小册子的宗旨就在于把黑格尔自然哲学中的这些合理的东西变为现实的东西。如果读者阅后感到古老的哲学有了新鲜的气息,这将是对作者最大的安慰。

　　中国科学院自然科学史研究所董光璧同志、中国社会科学院哲学研究所王维和张乃烈同志曾经看过这本小册子的初稿,给作者提出许多宝贵的修改意见,谨向他们致以衷心的谢意。同时还应声明,书中的引文都根据原文作过核对,有所改动,希望得到各位中文译者的谅解。这本书能很快与读者见面,应归功于上海人民出版社的同志们的努力,他们是真正的无名英雄,我对他们的工作表示敬意。

梁 志 学

北京,1985 年 6 月

目　录

第一章　黑格尔自然哲学的形成过程

　　马克思主义经典作家恩格斯在 19 世纪 80 年代写道,"在上世纪末叶,在大多数是机械唯物主义者的法国唯物主义者之后,出现了要把旧的牛顿-林耐学派的整个自然科学作百科全书式的概括的要求,有两个最有天才的人物投身于这个工作,这就是圣西门(未完成)和黑格尔。"①恩格斯的这个论断给我们了解黑格尔自然哲学的形成过程提供了向导。

　　我们看到,文艺复兴以来,在欧洲近代资产阶级哲学和自然科学的发展史中一直存在着两种相互对立的自然哲学。一种自然哲学是机械论的,它随着古典力学取得巨大的成就,在社会经济和自然科学比较发达的英国和法国逐渐变成了占统治地位的自然观,坚持和发展这种自然观的,大部分是抱有自然神论观点的唯物主义哲学家和自然科学家。另一种自然哲学是反对机械论的,它在社会经济与自然科学不甚发达的德国及其邻近的疆域,在与机械论的对峙中不断地改变自己的形式,丰富自己的内容,它的代表人物大多是抱有泛神论观点的唯心主义哲学家和自然科学家。黑格尔这个最有天才的人物就是根据后一自然哲学的传统,对 18 世纪末叶和 19 世纪初叶自然科学的成就作出百科全书式的概括的。所以,

---

　　①　恩格斯:《自然辩证法》,见《马克思恩格斯全集》第 20 卷,人民出版社 1961 年版,第 593 页。

关于黑格尔自然哲学的形成问题可以分为两个部分加以说明。在第一部分中,我们将说明黑格尔的自然哲学是与机械论相对立的德国自然哲学发展的结果;在第二部分中,我们将说明黑格尔的自然哲学是德国思辨哲学与当时的自然科学相结合的产物。

第一节　德国自然哲学发展的结果

机械论自然哲学是一种单纯用古典力学解释一切自然现象的形而上学观点。它把物体的物理学的、化学的和生物学的属性都归结为力学的性质,把高级的物质系统和运动形式归结为机械的物质系统和运动形式,把高级物质运动的规律归结为机械运动的规律,认为自然界中的一切事物都完全服从于力学因果律。

从历史上看,机械论自然哲学从兴起到占据统治地位是经历了一个发展过程的。早在波澜壮阔的文艺复兴时期,多才多艺、学识渊博的巨人列奥纳多·达·芬奇(Leonardo da Vinci 1452—1519)就已经针对经院哲学的目的论,第一次试图把力学适用的范围扩大到有机界,认为动物的骨骼是由肌肉操纵的杠杆系统,一切生命活动都是按照力学规律进行的,从而把力学因果律提升为自然界的根本规律。这位意大利唯物主义哲学家的观点标志着机械论自然哲学在 16 世纪的兴起。

更加明确地表述了机械论自然哲学的实质的是古典力学的先驱伽利略·伽利莱(Galileo Galilei 1564—1642)。这位意大利自然科学家在物理学中建立了落体定律,发现了惯性定律、摆振动的等时性、抛物运动规律,确立了相对性原理,否定了陈腐不堪的亚里士多德物理学;在天文学中发现了月球表面凹凸不平、木星有四个卫星、太阳有黑子活动、银河由无数恒星组成以及金星、水星的盈亏现象,有力地支持了哥白尼的日心说。他在数学与力学的基础上恢复和发展了古希腊的原子论,勾画出一幅机械论的自然图景。在这幅画面上,大自然是由没有质的规定性的物质微粒组成的,它们只具有一定的形式和大小,在空间里处于运动或静止状态,而不具有颜色、声音、气味和味道。自然界既没有任何新东西产生,也没有任何旧东西消灭,运动被完全归结为简单的位移,一切物体无论是天上的还是地面的,只要不受外力影响,就都会沿着正圆轨道无限地作匀速运动。伽利略主张天上的物体与地面的物体都由物质微粒组成,并把地面物体的运动描绘为与天上物体的运动完全相同,这就沉重地打击了经院哲学的自然观,因为按照这种自然观,天体是由神圣的元素组成的,地面物体是由物质的元素组成的,前者的运动是永恒不朽的匀速圆周运动,后者的运动则是有始有终的直线运动。但是,他并没有完全冲破中世纪神学的藩篱,在太阳系的起源问题上表现了自然神论的观点,认为上帝把自己创造的太阳安置在宇宙中心,然后又创造了所有行星,使它们沿着正圆轨道绕日运行。这也是其他许多机械唯物主义者普遍具有的观点。

在机械论自然哲学的发展过程中,勒奈·笛卡尔(René Descartes 1596—1650)制定了一个比较完整的体系。这位法国哲学家假定,原始物质弥漫整个空间,在作旋涡运动。在这样的运动中,有的物质磨成尘状的东西,它们是形成太阳和其他无数恒星的火元素,有的物质磨成球状的东西,它们是充满太空的气或以太元素,有的物质磨成没有棱角的大块球状东西,它们是组成地球、行星和彗星的土元素。在太阳系的发展过程中,每个天体都在自己周围形成一个旋流。月亮处于环绕地球的旋流中,木星的四个卫星处于环绕它的旋流中,而地球和其他行星又都处于绕日运转的一个更大的旋流中。笛卡尔与那种认为自然界按照一定等级构成的经院哲学自然观相反,认为这一切天体和地球上的无机物、植物、动物以及人的躯体都是受同样的力学规律支配的机械系统,都是由物质元素组成的。他摒弃了那种认为无机物由形式与质料组成、生物由灵魂与躯体组成的经院哲学观点,认为宇宙中精神实体与物质实体是平行的,只有人才同时具有这两种实体,它们通过脑里的松果腺而发生相互作用。笛卡尔的这种自然观虽然打击了天主教神学,但他同样抱有自然神论思想。在他看来,作为物质的唯一本质属性的广延是上帝创造的,充满空间的物质的运动是上帝赋予的,物质运动遵循的力学规律是上帝确定的,只不过它们一旦被创造出来,就不再受到上帝的干预罢了。他的这个体系在18世纪初对法国机械唯物主义的形成发生过巨大的影响。

机械论自然哲学通过英国物理学家伊萨克·牛顿(Isaac Newton 1642—1727)的工作而占据了统治地位。他在伽利略等人工作的基础上,总结出了经典力学的三条定律,即惯性定律、加速度定律和作用与反作用定律;他发展了开普勒等人的研究成果,发现了万有引力定律。他建立了严密的力学体系,这个体系不仅能正确地描述地上物体的机械运动,而且能算出天体的轨道,确定地预言它们的运动。当时的其他自然科学部门还主要是处于搜集材料的阶段,远未发达到这样的地步,于是这个力学体系就成了整个自然科学研究的典范。与这种光辉的科学成就相结合,牛顿还致力于哲学探索,发展了一种典型的机械论自然哲学。他认为,空间和时间虽说是客观存在的,但与运动着的物质没有联系,它们彼此之间也没有联系,空间就像装着东西的容器,时间就像万古不绝的长河。他认为,我们的宇宙是一个严密组织起来的宇宙,其中的所有事物都是精确地按照力学规律运动的,全部未来事件都严格地取决于全部过去事件。牛顿否认自然界有什么变化,把一切物质运动形式都归结为机械运动,认为物质是完全被动的,它的运动是由外力推动的,整个宇宙的初始运动是出自上帝的"第一次推动"。结果,在这种自然哲学里,行星及其卫星一俟被神秘的"第一次推动"发动起来,就会依照预定的椭圆轨道不断地旋转下去,恒星永远固定不动地停留在自己的位置上,凭着万有引力而相互保持这种位置,地球亘古以来就总是毫无改变地保持原样。这种从文艺复兴以来的自然科学革命中产生的自然哲学,不管具有多么保守的性质,却从 17 世纪起长期支配着自然科学研究领域,并在相当大的程度上影响着哲学的发展。

笛卡尔与牛顿发展了的自然哲学在 18 世纪的法国机械唯物主义中得到了修改和发挥。把牛顿与洛克的学说引入法国的启蒙思想家弗兰斯瓦-玛丽·伏尔泰(François-Marie Voltaire 1694—1778)站在唯物主义的立场上肯定了意识是脑的属性,批判了灵魂不灭的宗教神学教义,克服了笛卡尔的精神实体与物质实体的二元论。他认为自然界的一切都是受力学规律支配的,事件出现的必然性取决于一些直线式的因果联系,同时在反对宗教神学的斗争中逐渐放弃了对上帝的"第一次推动"的信仰。医生兼哲学家茹利安·奥弗雷·德·拉美特里(Julien Offray de La Mettrie 1709—1751)模仿着笛卡尔的"动物是机器"的命题,写成《人是机器》一书,甚至把人的思维活动都归结为机械运动。哲学家保尔-亨利希·迪特里希·霍尔巴赫(Paul-Heinrich Dietrich Holbach 1723—1789)宣称,宇宙本身只不过是一条生生不息的原因和结果构成的链条,我们所看见的一切都是必然的,就是说,都不能不是这样。这些机械唯物主义哲学家尽管与笛卡尔和牛顿不同,肯定物质自身能够运动,但更加彻底地发挥了机械决定论。这种观点在自然科学中的反响就是物理学家比埃尔·西蒙·德·拉普拉斯(Pierre Simon de Laplace 1749—1827)提出的那个智能生物(后人称之为拉普拉斯妖)。他假定,只要这个智能生物能给出从最大天体到最小原子的运动的现时状态,它就能按照力学规律推断出整个宇宙的过去和未来。这样,事件出现的不确定性或偶然性就完全消失不见了,偶然性并没有从必然性得到说明,反而被规定为必然性。这种机械决定论的论点正是黑格尔时代的德国自然哲学家们所要扬弃的。

与机械论自然哲学相对立,在 16 世纪也兴起了另一种自然哲学。在这里我们首先应该提到德国活力论自然哲学家菲力普·泰奥弗拉斯特·帕拉采尔苏斯(Philippus Theophrastus Paracelsus 1493 — 1541)。这位新教的神秘主义者认为,上帝创造了原始物质,然后从原始物质中生长出许多种子,每个种子都在预定的时间内发展为一种特殊的实体,这些实体根本不是被动的,而是活的和自主的。他摒弃了中世纪的宇宙等级观念,不承认在自然事物之间存在支配与服从的关系,而认为自然界的每个实体都直接受命于上帝,在种子这种内在活力的推动下,不依赖于其他实体而独立地发展着。他沿袭了宗教中的三位一体概念,认为构成物质的要素也有三个,即早期炼金术士假定的硫、汞和他自己增加的盐,并用夫妻关系描绘这样构成的物体内部的矛盾,认为旧事物的死亡将会使新事物得到改进。作为医学化学家,他提出人体是由三种元素组成的化学系统的学说,按照这个学说,硫相当于灵魂,汞相当于气息,盐相当于肉体,它们之间的关系是平衡的,疾病则是它们之间的关系失调的结果,所以,治病的药物不应该是复合的万灵药,而应该是单一的物质。他把这个化学系统与天体系统作了玄妙的类比,肯定了人是一个独立自主的小宇宙,心类似于太阳,脑类似于月亮,肝类似于土星,肾类似于木星,并进一步断言动物、植物和矿物跟天体也有类似的关系,从而抛弃了那种认为天上的东西主宰尘世的事物的中世纪观念。帕拉采尔苏斯的自然哲学曾经与提倡人的精神自主性的宗教改革运动结合在一起,在德国起过进步作用,因而他在当时赢得了"化学中的路德"的称号。黑格尔也评论道,他的思想在各个经验的物质事物中,"从颇为重要的方面包含和表达了概念的规定",即辩证法的内容①。

_____

① [德]黑格尔:《自然哲学》,梁志学、薛华等译,商务印书馆 1980 年版,第 244 页。

我们还应该提到的是意大利唯物主义泛神论哲学家乔尔丹诺·布鲁诺(Giordano Bruno 1548—1600)。这位为真理而牺牲了自己生命的伟大思想家,恢复了德谟克利特与伊壁鸠鲁的学说,批判地吸取了哥白尼日心说的成就,勇敢地宣布:宇宙没有任何边际,构成宇宙的世界为数无穷,太阳并不是绝对的宇宙中心,而只是我们这个行星系的中心,在宇宙中有无数的恒星,它们离我们非常遥远,而太阳也不过是其中的一个。他不仅具有一种与机械唯物主义近似的观点,认为天上的星体与地面的物体是同质的,都由土、水气、火与以太组成,以太在宇宙间起着媒介作用,而且与机械唯物主义者不同,认为物质并不是由上帝赋予形式的、完全被动的质料,而是自身能动的、独立自主的本原,它从自身的怀抱中创造出一切形式,而一切形式又归于这个本原。在他看来,宇宙及其各个部分都处于不停顿的运动和变化中,要探讨自然界的秘密,就必须研究自然事物的对立面,发现它们的结合,把它们从同一的东西中发展出来。他在把宇宙解释为一个由有规则的环节组成的系统时,认为宇宙是类似于动物和人的有机体,假定其中存在着世界灵魂,它支配着整个宇宙的运动和变化,作为内在的艺术家,从内部把物质组成各种东西。这样一来,他就把上帝完全搬迁到了自然界中,认为上帝构成自然界的最深刻的本质,是寓于自然事物之中的神明力量。黑格尔肯定了这种具有辩证法内容的泛神论思想,说"它表明了一个高尚的灵魂和一种深刻的思维的兴奋陶醉。这种自然的生命性被他用极大的热情表述出来了"①。

在 17 世纪,荷兰医学化学家约翰·巴帕梯斯特·范·黑尔蒙特(John Baptist van Helmont 1577—1644)发展了帕拉采尔苏斯的活力论。他虽然不认为原始物质由硫、汞和盐组成,但他的论证同样使用了神学的

---

① [德]黑格尔:《哲学史讲演录》第 3 卷,贺麟、王太庆等译,商务印书馆 1962 年版,第 357 页。

方式。他说,既然圣经中提到水是最初的混沌物质,那就只有水是基本的元素。在他看来,无论天上的物体还是地面的物体,都是由水和种子组成的,前者是物体的物质元素,后者是物体的精神动力;自然界是由无数的自主物体组成的,它们的运动和变化都取决于其内部的种子。他与帕拉采尔苏斯的这种活力论思想首先在德国哲学家雅可布·波墨(Jakob Böhme 1575—1624)那里得到了巨大发展。这位德国神秘主义者用医学化学家的语言表达他自以为靠慧眼看到的自然界的演化过程。在波墨看来,上帝在太初作为自然界的心灵,就其自身而言,是万有也是无有,因为上帝能够通过任何与自己对立的东西显示自己。这样,在上帝那里就出现了一种无意识地自我显示的离心欲望,从而又出现了一种有意识地自我控制的向心意志。在这种矛盾斗争的过程中,向心意志制胜了离心欲望,产生出一个精神形象,即上帝的三位一体的肖像;这个精神形象的外化就是自然界,也就是说,自然界的一切事物都是按照这个三位一体的肖像生成的。波墨扩大了帕拉采尔苏斯的矛盾概念,强调了只有通过精神领域中的矛盾的斗争与解决,自然界才有发展。他用这位医学化学家的三要素说来表示矛盾发展,断言硫作为正题代表精神的自我显示,汞作为反题代表精神的自我控制,盐作为合题代表这两者的矛盾的解决,它是自然事物向更高阶段发展的前提。他不仅认为人作为大宇宙的翻版是一个自主的小宇宙,它像大宇宙为宇宙灵魂所支持一样,为人的内在精神力量所支持,而且他还进一步认为,人的精神的发展过程可以比拟为大宇宙的发展过程,以自我为中心的肉体欲望与否定自我的精神意向之间的心理斗争可以通过神秘的体验加以解决,而这种体验据说曾经使他得到了精神上的再生。波墨的这种神智学的自然哲学受到了黑格尔的推崇。黑格尔说,他的基本思想就是要在感性的规定中,"以坚强的精神把对立的两方面结合起来,并在这种精神中打破全部对立的意义,即双方所具有的现实性形态",就是要"在一切中把握神圣的三位一体,把万物看成神圣三位一体的显现和表露"①。就是说,黑格尔特别重视他把对立面结合起来的辩证法思想和把宇宙视为上帝在万物中的显示的泛神论思想。

其次,哥特弗里德·威廉·莱布尼茨(Gottfried Wilhelm Leibniz 1646—1716)的自然哲学观点也与活力论有继承关系。这位客观唯心主义者用逻辑概念系统地表述了他关于自然界的构造的思想。在牛顿的宇宙体系中,自然界是由无数被动的、同质的物质单位或原子组成的,与此相反,在莱布尼茨的宇宙体系中,自然界则是由无数自主的、性质不同的精神单子组成的,它们与活力论所说的种子极其相似。这些单子按照自己的完善程度的不同,分为无限个等级,形成一个连续不断的链条。每个单子都是一个小宇宙,都有表象整个宇宙的能力。单子可分三类,即无机的、有机的和有意识的。无机物和有机物作为形体都是单子的聚集,它们的区别在于前者没有一个单子能支配其他单子,后者则有一个单子能支配其他单子,因此前者的各个环节是外在地结合起来的,后者的各个环节则是有机地结合起来的,并且前者的表象是模糊的,后者的表象则不那么模糊。有意识的单子是人所特有的,它的特点就在于表象的明晰性,就在于能够表象普遍的东西和相互联系的东西。各个单子是自然事物发展和变化的内在原则,它们都处于自身完善的过程中,在原先的自然事物解体以后,就进入后继的自然事物,开始了新的发展过程。在莱布尼茨看来,上帝是至高无上、全知全能和创造其他无数单子的唯一单子,这其他无数单子虽然各不相同,自我封闭,因而不能相互影响,但并不处于无序状态,因为上帝早就预先规定了它们的发展过程的和谐一致。就是说,当一个单子发生变化的时候,在另一个单子里也发生与此吻合的变化,这种吻合是上帝的预定和谐。

---

① [德]黑格尔:《哲学史讲演录》第4卷,贺麟、王太庆等译,商务印书馆1978年版,第37—38页。

　　波墨与莱布尼茨的自然哲学在当时的德国并没有发生很大的影响，但在进入 18 世纪后半期时，却随着德国哲学革命的进展而得到了复兴。德国古典哲学家们曾经从不同的哲学立场出发，依据他们所能掌握的自然科学成果，运用他们思辨的头脑，力图构造出一幅自然界辩证发展的瑰丽图画。他们的这种努力尽管带有许多幻想的、臆测的性质，却在近代资产阶级自然哲学发展史中不失为一种反抗机械论的有力呼声。

　　德国自然哲学的这个富有成果的发展阶段的序幕是由伊曼努尔·康德（Immanuel Kant 1724—1804）揭开的。这位德国古典哲学开创者在其早期著作《自然通史与天体论》（1755）里，依据力学科学的成就，从唯物主义观点吸收波墨与莱布尼茨的辩证法思想，用物质本身来解释自然界在时间上的发展过程。他认为，在太阳系开始形成时，极稀的气状混沌物质既不像笛卡尔假定的那样，只有斥力占统治地位，也不像牛顿假定的那样，只有引力有效，而是本身就具有斥力与引力。引力的作用导致原始星云中分散的物质微粒形成各种不同的聚合物，较轻的成分为较重的成分所吸引，较小的物质球体为较大的物质球体所吸引。与这种运动过程相反，斥力则导致原始星云的横向偏离和漩涡运动，从而使原始物质微粒凝成的行星绕日运行。这样，引力与斥力的矛盾就达到了最小相互作用状态，形成了我们的太阳系。康德的这个天才假说说明了行星由那些以椭圆轨道绕日运行的气体产生的过程，说明了卫星由那些聚集在行星周围的气体产生的过程。同时，他还把这一假说推广到更大的星系上，继承着希腊古代唯物主义者关于宇宙无限的思想和莱布尼茨关于宇宙逐步完善的观点，进而刻画宇宙的演化过程。在他看来，宇宙的发展在空间与时间上是没有终点的，是宇宙物质之日臻完善和逐渐衰退的不断更替过程；自然界既然能够从混沌发展到秩序井然，系统整齐，那么，它在由于各种运动衰减而陷入混沌之后，也一定会从这新的混沌中恢复起来。虽然在这里康德还认为宇宙的发展在空间与时间上有开端，并具有循环论的思想，但他的这部著作用力学的原因定性地解释了宇宙的演化,宣告了宇宙万物都服从于发生、发展和灭亡的普遍规律,打击了当时占统治地位的机械唯物论自然观,而且后来还在自然科学领域受到人们的普遍敬重,为宇宙学的发展奠定了一个基础。

康德在其批判时期的自然哲学,业已从唯物主义观点转向主观唯心主义与不可知论。他在他的《自然科学的形而上学基础》(1786)里,一方面仍然坚持着辩证法思想,以引力与斥力的矛盾说明物质的运动,批判了机械论把运动从外部引入物质,但在另一方面,却用他那先验哲学的框架来考察物质的运动。具体地说,他把运动学中的位移纳入量的范畴,把动力学中的动力纳入质的范畴,把力学中的相互作用纳入关系范畴,把现象学中的运动纳入样式范畴。他在他的《判断力批判》(1790)里,一方面接触到了部分与整体、偶然性与必然性、机械性与目的性的辩证联系,另一方面却对这种联系采取了不正确的态度。黑格尔在评论康德的这种立场时指出,"他说出了这些对立的片面性,也同样说出了它们的统一","同时康德却说,这只是我们反思的判断力的一种方式,生命本身并不如此"①。

约翰·哥特弗里德·赫尔德(Johann Gottfried Herder 1744—1803)在其《人类历史哲学观念》(1784—1791)中发展了康德关于自然界演化的思想。他以猜测的方式描述了地球的地质演变史和地上生命的自然发展史。在他看来,地球经历了各种各样的变革,才变成了它现在的性状。地球内部迸发出炽热的火焰,使地壳分裂,山脉隆起。水弥漫到一些地方,形成了峡谷、河流与海洋。大气升入高空,变成环绕地球的气流。风掠过地球表面,改变着各地的气候。所有这些变化都是在时间上发生的,此起彼伏,或快或慢,因而使得地貌各异,气象万千。在他看来,生命是从水里自然地发生的,生物从植物到动物,从动物到人类,经历了一个组织日益

---

① ［德］黑格尔:《哲学史讲演录》第4卷,第302页。

分化,构造日趋复杂的过程。在这个阶梯式的系列中,低级生物的大规模毁灭是高级生物发展的必要前提,因为高级生物是由组成低级生物的物质构成的。人类是最完善的生命形式,在这种形式中汇集了一切生物物种的性状。生物物种的数目离人越远越多,越近越少。所有这些变化都是由神秘的内在动力的分化造成的,而人作为有理性的动物,则是由各种精神力量组成的系统,它可以借助神经去驾驭其内部分化了的力量。这样一幅自然界演化的图画概括了当时的许多自然科学研究成果,诸如约·亨·兰贝特(J.H.Lambert)的《宇宙学通讯》(1761)、约·英根-霍斯(J.Ingen Housz)的《植物实验》(1780)、阿·哈勒(A.Haller)的《人体生理学原理》(八卷本,1757—1766)等等,因而在德国受到了歌德的欢迎,并且在谢林的自然哲学中直接得到了采纳。

与此同时,约翰·沃尔夫冈·冯·歌德(Johann Wolfgang von Goethe 1749—1832)也遵循着同样的思路,探索自然界的奥秘。在他看来,各个不同的生物物种都是它们的共同原始类型的合乎逻辑的变化,它们在早期发展阶段比较相似,但在这些原始类型的不同结构日益显现出来时,它们的成长就分化了。他在《植物的变形》(1790)中设想,各种植物是从若干最简单的叶子演变来的,这些叶子逐渐变得多种多样,并在演化的过程中总是变得更加完善,最后发展出花的王国,而花瓣与果实也不过是叶子的变形。他认为,只要发现了原始类型的植物,掌握了打开它的秘密钥匙,就能够创造出无穷无尽的植物种类来。这位诗人还研究过动物学、光学、矿物学、气象学等等自然科学领域,在这些探索中总是以他那独特的眼光,揭示出自然界中两极的统一,坚信最充分地体现了宇宙精神的人也一定能够靠自己的理性反映出宇宙精神所构成的自然界的发展。他的自然哲学思想直接得到了黑格尔的支持。

18 世纪与 19 世纪之交,德国自然哲学在弗里德里希·威廉·约瑟夫·谢林(Friedrich Wilhelm Joseph von Schelling 1775 — 1854)那里达到

了鼎盛时期。阿·鲁·伽伐尼(A.L.Galvani)、亚·伏打(A.Volta)和查·奥·库伦(Ch.A.Coulomb)的电学理论,约·普利斯特利(J.Priestley)和安·罗·拉瓦锡(A.L.Lavoisier)的化学理论,卡·弗·沃尔夫(C.F.Wolff)与弗·基尔迈耶耳(F.Kielmeyer)的生物学理论以及阿·哈勒与约·布朗(J.Brown)的生理学理论,引起了这位青年哲学家的深刻兴趣。他沿着泛神论的途径,汲取了布鲁诺、康德与赫尔德的自然哲学思想,力图从哲学上概括这些自然科学的成就,解释各种自然现象的统一性和发展过程。他的《自然哲学观念》(1797)和《论世界灵魂》(1798)立即得到了歌德的承认。他在耶拿大学完成的《自然哲学体系初步纲要》(1799)系统地阐述了他的自然哲学思想。在这部著作中,客观唯心主义者谢林认为,与那种用经验方式考察被创造出来的自然界的自然科学不同,自然哲学是用思辨方式考察一种进行创造活动的自然界,这种自然界的原始能动力量具有对立统一的趋向,在活动中受到阻滞,生成了形态各异的自然产物,因而整个自然界就表现为一个由无限多样的形态组成的系统,一个从无机物到人类的动态发展序列。在谢林看来,无机自然界是一个由许多太阳系构成的复合体,这许多太阳系永远处于物理亲合力的依存关系中,其中每个系统都是一个有机产物,这些产物依靠物理亲合力,把自己范围内存在的一切部分联合起来,也就是说,各个行星在它们的中心天体的物理性状中有其起源。中心天体发出两类作用,一类是否定性的,决定着达到静态平衡的趋势,另一类是肯定性的,引起了动态发展的趋势。我们的太阳是提供生命与力量的本原,大地上的一切东西都应当通过它们与标志太阳发展的氢的关系来认识,就是说,磁、电和化学过程都是由它们与氢的物理亲合力决定的。在谢林看来,有机自然界的本质在于组织活动交替地处于静态和动态。外界的刺激不断地干扰有机体达到的平衡。这种刺激是在感受性中给予的,它破坏了原始活动的静态,使之从事新的创造,因而引起用相应的反应来回答业已受到的刺激的能力,即应激性。应激性与感受性的相互作用受着神经与肌肉的制约,表现为躯体的再生,即生长和繁殖。这就形成了有机体的动态发展序列,即有机体处于平衡中,是对立力量的和谐,但平衡被感受性打破,躯体需以应激性对干扰作出回答,以确立新的平衡。与有机界的这种再生过程对应的是无机界的化学过程,而且正像化学过程以磁和电为其条件一样,再生是感受性与应激性的综合。因此,再生作为从两种力量的对立中产生的动态过程就在有机界表现为更高的级次。

谢林的自然哲学在德国哲学家与自然科学家中获得了许多拥护者。正如海涅描绘的①,那些让索然无味的形而上学语言弄得晕头转向的哲学家们,顿时被谢林引向空气新鲜、阳光明媚的大自然界,去观看最有意义、最壮丽的东西。那些对纷繁芜杂的实验材料感到不知所措的自然科学家们,争先恐后地倾听谢林的讲授,渴望从中得到启迪,去直窥隐蔽在大自然深处的统一枢机。这样,在德国就形成了一个谢林自然哲学学派,而且在这个学派内部出现了一些有贡献的自然科学家。例如,亨·施特芬斯(H.Steffens 1773 — 1845)以为地球的真正历史经历了各个演化阶段,并猜想太阳系的其他行星也是如此;罗·奥肯(L.Oken 1779 — 1851)提出了生物进化的思想,认为原始纤毛虫产生于海洋粘液,通过这种纤毛虫的凝聚作用形成了更高级的有机体;汉·克·奥斯忒(H.Ch.Oersted 1771 — 1851)发现了电流的磁效应,证实了电与磁的辩证关系。在当时德国生物学、化学、物理学、医学和心理学的研究中都可以明显地看到这个学派所起的作用。

黑格尔充分肯定了谢林自然哲学的成就。这首先是指他的唯心主义泛神论自然观。黑格尔说,谢林"力求在对象的本质性中认识理想世界中所具有的同样的形式,同样的节奏。所以他就把自然表述为不是外在

———————

① 参看[德]亨·海涅:《论德国》,薛华、海安译,商务印书馆1980年版,第332页。

于精神的东西,而是精神一般在客观的方式下的一种投射"①。正是在这种客观唯心主义的意义上,谢林把康德那个"事物之所以如此,是由于在我们的认识能力看来它们是如此"的公式,改变为"事物之所以如此,是由于自然的结构如此"的公式。其次,黑格尔肯定了谢林对自然界中的辩证发展过程的揭示。与那种把自然界中的对立双方机械地割裂开,坚持固定不移的范畴的形而上学自然观相反,谢林的自然哲学一般具有这样的辩证法观念,即"在对立面自身内指出它们的真理是它们的统一,每一方单独来看都是片面的;它们的区别使得双方相互过渡,回转到统一"②。但黑格尔认为,谢林的自然哲学并没有完成,它还缺乏逻辑发展的形式和必然性。因此黑格尔具体指出,它一方面总是按照一个假定的图式,夹杂了外在构造的形式主义,随意地玩弄类比。例如,谢林从数学中引入级次(Potenz)概念,把磁、电和化学过程称为三个级次,并用感受性、应激性与再生同它们相类比;奥肯甚至把木头的纤维叫做植物的神经和脑髓。在另一方面,它把不可言传的、神秘的理智直观视为认识自然的最高方式,就是说,它放弃了概念的严肃性和思想的清醒性,而代之以无聊的幻想,并把这些幻想当作深刻的直观、高远的预见和美妙的诗意。这样,谢林自然哲学就势必会由于其离奇又自负的无谓做法而招致恶评。正是鉴于这一情况,黑格尔决意用合理的方式推进德国自然哲学的发展,使之臻于完善。

第二节 思辨哲学与自然科学结合的产物

黑格尔是在 18 世纪末到 19 世纪初自然科学蓬勃发展的背景下推进

---

① [德]黑格尔:《哲学史讲演录》第 4 卷,第 369 页。
② [德]黑格尔:《哲学史讲演录》第 4 卷,第 371 页。

德国自然哲学的。当时物理学正处于克服接触论和化学论,产生电动力学和电化学的萌芽,并从热质说过渡到热的唯动说的时期,化学正处于引入精确定量研究方法,提出化学原子论的时期,生物学正处于自然分类系统取代人工分类系统,酝酿着进化论思想的时期。在这样的背景下,黑格尔继承了德国自然哲学的传统,力图使它与自然科学的这些进展相结合,建立起自己的自然哲学。因此,对于黑格尔来说,确定思辨哲学与自然科学的关系就是建立他的自然哲学的前提。

关于思辨哲学与自然科学的关系问题,黑格尔在他的《哲学全书》"导论"中就提出过这样的原则性论点:"思辨科学对于经验科学的经验内容并不是置之不理,而是承认和利用它;思辨科学同样承认经验科学中的普遍东西,即规律和类属等等,并把它们用作其自身的内容;但思辨科学还进一步在其他科学的这些范畴中引入自己的范畴,使之通行有效。就此而言,思辨科学与其他科学的区别唯独涉及范畴的这种改变"①。

在《哲学全书》的《自然哲学》中,黑格尔进一步具体地发挥了这个论点。首先,在他看来,自然哲学与自然科学是一致的。这有两层意思:第一,自然科学用实验方法研究自然界,它所提供的丰富经验知识正是自然哲学用思辨方式加工的内容,是自然哲学赖以产生和发展的基础;第二,自然科学用思维把握自然界中的普遍东西,即把握自然事物的规律,这种普遍东西也同样是自然哲学思考的内容,是构成自然哲学体系的环节。他指出,"哲学与自然经验不仅必须一致,而且哲学科学的产生和发展是以经验物理学为前提和条件"②;"自然哲学在物理学使它达到的立脚点上,接受物理学从经验中给它准备的材料,并把这种材料重新加以改造"③。其次,在他看来,自然哲学与自然科学是有区别的,这种区别并不

---

① ［德］黑格尔:《小逻辑》,贺麟译,商务印书馆1980年版,第49页。
② ［德］黑格尔:《自然哲学》,第9页。
③ ［德］黑格尔:《自然哲学》,第14页。

在于前者涉及思维,后者涉及经验,而在于思维方式的不同。他指出,"更精确地说来,把自然哲学同物理学区别开的东西是两者各自运用的形而上学的(这个术语黑格尔是在亚里士多德的意义上使用的。——作者)方式"①。自然科学的思维方式是知性的思维方式。自然科学中的普遍东西是抽象的或单纯形式的,它不从本身取得自己的各个规定,也不向特殊性过渡,因此,特定的内容就处在这种普遍东西之外,分解得支离破碎,没有其自身的必然联系。反之,自然哲学的思维方式则是理性的思维方式。自然哲学中的普遍东西是自己充实自己的,它在其坚实的同一性中同时就包含着内在的差别,这种差别是一种在内部自己运动的统一,一种由各个规定组成的有机整体。最后,在黑格尔看来,自然哲学的任务就是要把自然科学的知性范畴转变为理性范畴,把形而上学概念转变为辩证法概念,或用他自己的话来说,"把提供给它的知性认识的普遍东西译成概念"②,即转变为辩证法范畴。经过这种转变或翻译,固定不变的知性范畴就在自身引入了辩证法的内容,从而变成了相互推移的理性范畴;抽去这些辩证法的内容,自然哲学的普遍东西就会还原为自然科学的普遍东西。

在这里,黑格尔特别批评了那种蔑视思维,以经验主义为标榜,反对从知性范畴过渡到理性范畴的自然科学家。他说,经验物理学自命完全从属于知觉和经验,因而同自然哲学相对立,但事实上必须向经验物理学指出,它所包含的思维比它承认和知道的要多得多,它的情形比它想象的要好,或者说,如果它认为自己包含的思维几乎完全是某种坏东西,它的情形就比它想象的要坏。他用嘲笑的口吻说,"假使物理学仅仅基于知觉,知觉又不外是感官的明证,那么物理学的行动就似乎仅仅在于视、听、

---

① [德]黑格尔:《自然哲学》,第15页。
② [德]黑格尔:《自然哲学》,第15页。

嗅等等,而这样一来,动物也就会是物理学家了"①。他特别强调指出,虽然对自然的经验考察和自然哲学一道,共同拥有普遍性这一范畴,但物理学的方式不能令思辨哲学满足,精神不能停留在知性反思方式上,而必须继续前进,达到理性思维方式。另一方面,黑格尔也反对在从抽象片面的知性范畴过渡到具体全面的理性范畴时放弃思维,反过来诉诸直观,把直观置于思维之上。他说,"这是一条邪路,因为从直观出发,是不能做哲学思考的"②。在他看来,从自然经验中产生的自然哲学是以概念的必然性为其进程或逻辑基础的,这个进程要按照对象的辩证法规定来论证对象,要指明经验现象与这些规定在事实上的一致性,所以,丢掉逻辑东西而求助于直观、想象之类的东西,就是把一些主观的图式从外面强加给对象,而不能赋予科学以必然性的保证。

　　黑格尔就是在这样解决思辨哲学与自然科学的关系问题的前提下,经过长期酝酿,形成自己的自然哲学的。这个过程包含两个方面:第一,从自然科学中汲取丰富的营养;第二,用思辨方式对自然科学作系统的概括。两个方面相辅相成,其结果就是黑格尔在可能的范围内把思辨哲学与当时的自然科学结合起来,完成了他的自然哲学体系。

　　关于第一方面,我们看到,在18世纪末到19世纪初,尽管许多自然科学家总是牢记着牛顿发出的"物理学,当心形而上学呵"的警告,在自己的工作中反映出经验主义的趋势,对思辨哲学表现出莫大的反感,但黑格尔却认为,他们在实验基础上所从事的探索已经给认识自然界的辩证关系提供了丰富多彩的资料,因此,无论是在当家庭教师时期,还是在大学执教时期,他都在认真学习自然科学。在他超过谢林,走上独立发展的道路以后,为了不使德国自然哲学误入歧途,而使它能够与真正可靠的科

---

① ［德］黑格尔:《自然哲学》,第9页。
② ［德］黑格尔:《自然哲学》,第16页。

学知识相结合,他曾经广泛而深刻地研究了各门自然科学的成果。这一点在他给友人亨·鲍鲁斯(E.Paulus 1761—1851)的信中写得特别明确。他说,"您知道,我不仅大力研究过古典文献,而且大力研究过数学(最近研究过解析几何、微分学)、物理学、博物学和化学,以便能够戳穿这样一个自然哲学学派的江湖骗术,这个自然哲学学派不是靠知识而是靠想象从事研究的,而且把空洞自负的幻想,甚至于把荒谬绝伦的东西都奉为思想"①。黑格尔自幼就对科学实验感兴趣,试图在力所能及的范围内检验自然科学的结论。例如,当他15岁那年在一本博物学书上读到昆虫用腹侧小孔呼吸空气的说法时,他曾用浓油把这些孔道糊住,观察了昆虫因得不到空气而死亡的事实。又如,他在45岁那年观察了烟囱里冒出的烟在不同背景下所呈现的颜色,企图证实歌德所谓的原始现象。这些实验与观察当然是在缺乏严格控制的条件下进行的,因而可以称之为"粗俗的体验",不过从这里我们也看出了他对探索大自然秘密的关切。黑格尔积极参加过自然科学学术活动,他是耶拿矿物学会鉴定员(1804)、威斯特伐伦自然研究会会员(1804)和海得堡物理学会名誉会员(1807)。1826年在他主持下成立了柏林科学批判社,他参与了这个科学社团下设的自然科学组的工作。他同许多自然科学家经常保持着联系,例如,在耶拿大学时期物理学家托·塞贝克(Th.Seebeck 1770—1831)是他的挚友,在柏林大学时期天文学家约·埃·波德(J.E.Bode 1747—1826)、地理学家海·尤·里特尔(H.J.Ritter 1791—1865)都与他有过学术交往。通过这样长期的学习、观察与交流,黑格尔大体上熟悉了他那个时代自然科学前进的步伐。他在他的《自然哲学》里涉及当时73位自然科学家的著作,诸如拉普拉斯《宇宙体系解说》(1796)、让·巴·毕奥(J.B.Biot)《物理学研究》(1816)、延·雅·柏采留斯(J.J.Berzelius)《论化学比例理论》

---

① 《黑格尔书信集》,荷夫迈斯特编,第2卷,汉堡1953年,第31页。

(1819)、约·道尔顿(J.Dalton)《化学哲学新体系》(1808—1827)、胡·戴维(H.Davy)《论电的某些化学作用》(1806)、詹·赫顿(J.Hutton)《地球理论》(1795)、亚·哥·韦尔纳(A.G·Werner)《关于矿脉形成的新理论》(1791)、奥·皮·戴·康道勒(A.P.de Candolle)《植物自然系统》(1817)、哥·莱·特雷维拉努斯(G.R.Treviranus)《生物学》(1802—1822)、若·居维叶(G.Cuvier)《按组织划分的自然界》(1812)和让·巴·拉马克(J.B.Lamarck)《动物学哲学》(1809)等等,等等。黑格尔掌握的资料之浩瀚,涉及的领域之广泛,在德国自然哲学发展的历史上是空前的。

关于第二个方面,我们看到,在18世纪末到19世纪初,已经出现了一种系统地理解自然现象,把那些自然科学描述的事实综合为一个整体序列的趋势。例如安·劳·戴·裕苏(A.L.de Jussieu 1748—1836)在其《处于自然状态的植物序列》(巴黎 1789)里以胚芽的基本部分、即胚层为主要标志,将整个植物界划分为无子叶植物、单子叶植物和双子叶植物,并且力图把这种现实的划分理解为植物种群所组成的一个序列。又如,安·富克鲁阿(A.Fourcroy 1755—1809)在其《化学知识体系》(巴黎 1800)中把一切自然现象都排列为一个从低级到高级的阶梯序列,他从考察基本的元素开始,然后依次考察各种简单的物体和复合的物体,而最后考察植物机体和动物机体。在黑格尔看来,包括自然分类体系在内的这种系统化趋势"打开了一种认识形成物本身的客观本性的更广阔的眼界",其进步"主要不是在积累大量观察材料方面,而是在其材料经过加工,符合于概念方面"①。然而,黑格尔是一位思辨哲学家,他认为引导自然界的各个阶段向前发展的是概念发展的必然性,而不是物质的力量,所以在他看来这种系统化的趋势只不过提供了一些模糊的、片面的感性观

---

① ［德］黑格尔:《自然哲学》,第576—577页。

念,它们并不能解释自然界的辩证发展。他写道,"在理解各个形态的必然性上特别妨害进步的,正是有关阶段序列之类的观念的这种状况。因此,即使可以把星球、金属或一般化学物体排成系列,把动物和植物排成系列,找到这类系列的某种规律,那也是徒劳的事情,因为自然界并不把它的各个形态这样排成系列和链环,并且概念是按质的规定性分化的,而在这种情况下就一定造成飞跃"①。黑格尔的目标是要吸收这种系统化趋势的长处,在思辨哲学的理论框架内理解各种自然现象,把它们概括为一个有机整体。正是在这种思想的指导下,他从 1801 年开始,到 1830 年为止,长期讲授自然哲学课程,研究自然科学哲学问题,逐步扩大、修改和加深自己对自然界的概括理解,从而写出了一系列自然哲学著作。

黑格尔的第一篇自然哲学著作是他在 1801 年为取得耶拿大学授课资格而写的论文《论行星轨道》。他最初提交答辩的是论文的临时提纲②,它用拉丁文写成,共 5 页。这份提纲包含着黑格尔自然哲学的一个基本思想,即"矛盾是真的准则,无矛盾是假的准则"。黑格尔认为,知性逻辑或传统逻辑不足以把握自然界的辩证发展,而要把握这种发展,就必须超越知性逻辑的局限性,掌握思辨逻辑。这一思想显然来源于谢林,因为谢林已经在其《自然哲学观念》里表明,对立的力量贯串在整个自然界的发展过程中,所以自然哲学必须揭示矛盾不断解决又不断产生的过程。这份提纲还预示着黑格尔哲学所要采取的外在形式,即"三段式是唯心主义的原则"。这种用正、反、合表示发展的公式,尽管在波墨的著作中早已出现,但在黑格尔的哲学中才变成了最基本的公式。黑格尔随后交出的正式论文③,同样用拉丁文写成,共 27 页。这篇论文慷慨激昂地批判了牛顿的经验主义和机械主义。他指出,"自命为哲学的经验主义方

① [德]黑格尔:《自然哲学》,第 32 页。
② 《黑格尔全集》,莫登豪艾尔与米谢尔版,第 2 卷,第 533 页。
③ 《黑格尔全集》,格洛克纳版,第 1 卷,第 3—29 页。

法不断地通过经验积累了错误的和无效的认识,但我们却显然应该努力对真正的哲学概念有一个清晰的思考"①。他批评了机械主义者把运动的力量从外部引入物质,奉劝他们想一想引力与斥力的矛盾以及由此造成的运动,说"真正的哲学已经驳斥了经验主义哲学原则,这种原则是来自一种类似于僵死物质的自然机械性"②。他强调了要把宇宙理解为一个有机整体,而不要像机械主义者那样把它割裂开。但这位青年哲学家在摒弃机械主义时却倒退到了亚里士多德物理学的观点上,认为促使石头落地的引力在性质上不同于天体相互作用中的引力。尤其是,当天文学家基·皮亚齐(G.Piazzi)根据提丢斯法则已于1801年1月在火星与木星之间发现谷神星时,黑格尔还援引毕达哥拉斯学派的一个数列,先验地推演行星轨道之间的距离的规律,断言在火星与木星之间不可能发现任何星体,这就表明了他的自然哲学用虚构的联系代替现实的联系的根本弱点。

黑格尔在谢林离开耶拿大学以后,于1803—1804年冬季学期讲授《思辨哲学体系》③。这个体系分为三部分,即"逻辑学与形而上学"、"自然哲学"和"精神哲学"。现在重新编辑的这部分自然哲学手稿共263页,内容并不完整,好多地方都属于残篇断简。不过,这是黑格尔的第二部自然哲学著作,它已经勾画出了他的自然哲学思想未来的基本线索。黑格尔认为,太阳系是由绝对这种无限的精神支配的总体,代表太阳的光是肯定的统一,它本身具有自相关联的运动与他物关联的运动,地球就是这两种相反的运动的综合。在地上系统的第一个发展阶段出现的是僵死质料与运动的对立,对立的每一方都是自为的,都表现为一种双重的存在,这就是机械过程。这种对立在其构造中过渡到自己的反面,即从持续

① 《黑格尔全集》,格洛克纳版,第1卷,第9页。
② 《黑格尔全集》,格洛克纳版,第1卷,第10页。
③ 《黑格尔全集》,莱茵兰-威斯特伐利亚科学院版,第6卷。

存在的对立过渡到扬弃这种对立的有差别的统一,这就是化学过程。这种统一中的差别表现为各种物理物体,而在统一发展为绝对的统一时,就出现了以真正的个体性为原则的总体,即活生生的有机体。他的论述涉及一切自然领域,在哲学方面沿用了谢林的许多观点,在科学方面援引了许多自然科学家的结论。讲授是成功的,谢林给歌德写信说,"哲学没有完全沉默,据说我们的黑格尔博士已经拥有许多听众,他们对他的讲课并非不满"①。

　　从 1804 年冬季到 1805 年春季,黑格尔在以往的讲稿基础上写出了《逻辑学、形而上学与自然哲学》②。这部手稿的第三部分共计 160 页,是他的第三部自然哲学著作。现在重新编辑的这部手稿是否作为讲义使用过,已经难以考定;但它可能是为了出版,所以写得比较完整。在"自然哲学"部分的"导论"里,黑格尔阐述了他的自然概念。他说,自然界是自我相关的、表现为自己的他物的精神,但这种精神并不以精神的形态出现,而仅仅是隐蔽的精神;自然界是个总体,它有自己的生命过程,在这个过程中各个事物的相互过渡就是它们的消逝。他论述了思辨哲学的考察方式,认为这种方式的本质就在于从对立中把握统一,从有限中把握无限,而批评了经验主义的考察方式仅仅停留在非反思的无限性的关系上,并不能认识自然界的真正本质。在第一篇"太阳系"中,黑格尔从一种作为绝对精神的以太出发,分析了空间与时间、物质与运动的统一。在他看来,以太是一切事物的绝对根据和本质,它作为自相等同的东西是空间,它作为无限的东西是时间。以太的这两个环节实际上都是特定的,而牛顿所谓的绝对空间和绝对时间的概念也不过是单调的无限概念。在他看来,物质在本质上是能够自己运动的,机械主义者所说的惰性物质是一种

---

① 《同时代人报导中的黑格尔》,尼柯林编,汉堡 1970 年,第 53 号。
② 《黑格尔全集》,莱茵兰-威斯特伐利亚科学院版,第 7 卷。

形而上学的臆造。在物质的运动中,空间与时间不是各自独立的,而是直接合为一体,都作为量的关系表现为运动。在第二篇"地球系"中,黑格尔分析了重力作用、落体运动、抛物运动、钟摆运动与杠杆原理等力学问题,分析了化学过程、物理元素、地质过程、矿物起源和金属性质等物理学和化学问题。与他后来对待原子论的态度不同,他把原子规定为质量的量子,认为引力是原子之间的相互关系。与他后来所做的一样,他恢复了四元素说,从火、水、土和气先验地演绎出各种物理物体来。他不仅抛弃了谢林的级次之类的形式主义概念,而且也很不重视象两极性这样重要的范畴。这部手稿缺少论述生命有机体的篇章。

　　1805—1806 年,黑格尔在耶拿大学写出了《自然哲学与精神哲学》①,作为他的讲义加以使用。现在重新编辑的这部手稿的第一部分共计 182 页,是他的第四部自然哲学著作,它写得更加完整。第一篇讲"力学",是从以太或绝对物质开始的。黑格尔用以太概念规定空间和时间,认为以太的直接特定存在是空间,以太的抽象无限性是时间,运动是空间和时间的实现,质量是静止和运动的统一。在这里他还没有论述天体系统,没有区分有限力学和绝对力学。第二篇讲"形态形成和化学过程",分析了光、重力、弹性、磁和电,分析了热的性质、燃烧过程、地球形成和物理元素。在黑格尔看来,物理对象是力学过程与化学过程、光和物质的统一,颜色是物理物体的一个环节,伽伐尼电是从化学过程向有机过程的转化。这一篇在结构方面与后来《自然哲学》第二篇有许多不同,这表明黑格尔在对无机自然界的研究中遇到许多难题,因此他的构思改变甚大。第三篇讲"有机体",相继探讨了同化和异化、组织和器官、消化过程、血液循环、自我繁殖以及疾病现象。黑格尔认为,无机物在有机体中返回到了自身,生命与环境构成一个因果相互作用的圆圈,植物有机体是直接

————————

①　《黑格尔全集》,莱茵兰-威斯特伐利亚科学院版,第 8 卷。

的、没有自我的生命,动物有机体则是经过中介的、具有自我的生命。这一篇在结构方面与后来《自然哲学》第三篇很相近,但在某些问题的解释上也有不同,例如,他在这里把生命与以太联系起来。

在担任纽伦堡文科中学校长的时期,黑格尔给高年级学生多次讲授哲学概论。汇集了这些演讲的《哲学入门》①(1808—1816)就是他所草拟的哲学全书,它分为三个部分,即研究纯粹理念的逻辑学、研究外在理念的自然哲学和研究自知理念的精神哲学。全书写得言简意赅,其中自然哲学的篇幅有10页。黑格尔宣称,"自然界是整个他在形态中的绝对理念","自然理念的运动就是从自然的直接性进入其自身,扬弃其自身,并变为精神"②。自然界的发展过程被解释为是由理念的发展造成的。第一篇"数学"考察的是空间和时间,肯定了它们是自然界的纯粹形式,在其已外存在的抽象连续性中没有边界。第二篇"物理学"分为"力学"和"无机物理学"。在"力学"中黑格尔认为,大量的原子既相互排斥,又相互吸引;物体包含着空间和时间两个理想环节的关系,这种关系就表现为运动;引力是运动的根据,自身具有引力中心的天上物体会自由运动,自身没有引力中心的地上物体则只有坠落地面。在"无机物理学"中黑格尔认为,光作为自相等同的己内存在是物质个体化的本原,光与暗的联系构成颜色;无机自然界的第一个环节是磁,第二个环节是电,第三个环节是化学过程,它们分别表现对立统一的实现、对立双方的构成和对立双方的结合。第三篇"有机物理学"考察的是地质过程、植物自然界和动物自然界,其观点很接近于后来的《自然哲学》第三篇。

在海得堡大学时期,黑格尔系统地讲授《哲学全书纲要》(1816—1817)。这部全书发表于1817年,在1827年第二版和1830年第三版时,

---

① 《黑格尔全集》,格洛克纳版,第3卷。
② 《黑格尔全集》,格洛克纳版,第3卷,第191—192页。

又根据他在柏林大学研究的结果作了修订和增补。全书的第二部分就是他酝酿成熟的《自然哲学》，它在第一版有 77 页，第二版增至 139 页，第三版增至 162 页，在 1842 年作为卡·路·米希勒（K. L. Michelet 1801—1893）版《黑格尔全集》第七卷第 1 分册出版时又增补了黑格尔本人在不同时期写的一些手稿和黑格尔学生的课堂笔记，以至扩大到 696 页。米希勒增加这些材料的方法虽然忽视了黑格尔自然哲学思想形成的过程，不过也给我们提供了一个比较完整的体系，使我们可以从中看出他怎样把唯心辩证法与当时的自然科学结合起来，既克服了没有哲学趣味的科学性，也克服了没有科学性的哲学趣味。

黑格尔的这部成熟的自然哲学著作包括"导论"、第一篇"力学"、第二篇"物理学"和第三篇"有机学"四个部分。"导论"探讨了三个问题，即如何看待自然、如何考察自然和如何划分自然，他对这三个问题的回答构成了他的整个自然观和自然科学方法论的纲要。黑格尔从他的客观唯心主义体系出发，把自然哲学视为逻辑学的应用。他认为，与"力学"对应的是逻辑学中"存在论"的范畴，因此"力学"考察的是完全抽象的相互外在的东西，即空间和时间，是个体化的相互外在东西及其抽象关系，即物质和运动，是自由运动的物质，即天体系统。他认为，与"物理学"对应的是逻辑学中"本质论"的范畴，因此"物理学"考察的是表现为必然性纽带的隐蔽概念，是在差别和对立中相互映现的个体性，这种个体性作为普遍的个体性，包括天体物理系统、元素系统和气象系统，作为特殊的个体性，包括比重、内聚性、声音和热，作为总体的个体性，包括磁、颜色、电和化学过程。他认为，与"有机学"对应的是逻辑学中"概念论"的范畴，因此"有机学"考察的是达到其实在性的概念，是凌驾于形式差别之上的个体性，而这种概念或个体性作为充实的、自我性的、主观的总体就是生命，它包括地质有机体、植物有机体和动物有机体。黑格尔在他的这个思辨自然哲学的框架里，就当时自然科学发展的状况，规定了自然界发展中进化与退化的关系、自然科学研究中主体与客体的关系以及自然系统演进中简单与复杂的关系,并且从哲学方面参与了当时自然科学家争论的重大理论问题,诸如微粒说与波动说、热质说与热的唯动说、电学中的接触论和化学论、牛顿的物理光学与歌德的颜色学说、自然发生说与物种产生说等等。他的这部著作确实是对 18 世纪末到 19 世纪初自然科学取得的成就所作的百科全书式的哲学概括。

　　黑格尔在他的《精神现象学》里写道,"最初的知识或直接的精神,是没有精神的东西,是感性的意识。为了成为真正的知识,或者说,为了产生科学的因素,产生科学的纯粹概念,最初的知识必须经历一段艰苦而漫长的道路"①。这个关于他的哲学的起源的陈述,同样也适用于他的自然哲学思想的形成过程。他经历了将近 30 年的时间,从事于从科学汲取营养和财富,并反过来赋予科学以灵魂和活力的艰巨任务,才终于把思辨哲学与自然科学结合起来,建立起这样一个包罗宏富的自然哲学体系。如果没有经历这样一段艰苦而漫长的道路,则很难设想他会完成这个任务。

---

　　① ［德］黑格尔:《精神现象学》上卷,贺麟、王玖兴译,商务印书馆 1979 年版,第 17 页。

第二章　关于自然的概念

　　黑格尔的自然概念既取决于他的客观唯心主义体系，又构成他的整个自然哲学的基础，因此，阐明这个概念对于分析他的自然哲学就成了基本的前提。而我们在考察他的自然概念时，一方面将看到它是对德国自然哲学传统中的唯心主义泛神论的发挥，另一方面也将看到它是对这个传统中的辩证法思想的发展。

第一节　自然界是自我异化的精神

　　客观唯心主义者黑格尔认为，作为哲学研究对象的理念是一种具体的运动，这种具体的运动是理念的一系列的发展，它并不是像一条直线那样，抽象地向着无穷发展，而是像一个圆圈那样，必须被视为回复到自身的发展。所以，哲学的开端必须在哲学体系发挥的过程里转变为终点，换句话说，哲学达到其终点的时候也就是哲学回归到其开端的时候。按照理念的这种圆圈式的发展，黑格尔把他的哲学体系分为三个部分，即研究自在自为的理念的逻辑科学、研究异在的或外在化的理念的自然哲学和研究由异在而返回到自身的理念的精神哲学。

黑格尔的自然概念就是由他的这个唯心主义体系决定的。在《逻辑科学》中黑格尔曾经宣称，理念在其自身的绝对真理中决意"把作为自己的反照的直接理念，把作为自然的理念，从自身自由地释放出来"①，而"在自然界里所认识的也无非是理念，不过它是在外在化的形式中的理念"②。在《自然哲学》中黑格尔又宣称，"自然是作为他在形式中的理念产生出来的。既然理念现在是作为它自身的否定东西而存在的，或者说，它对自身是外在的，那么自然就并非仅仅相对于这种理念（和这种理念的主观存在，即精神）才是外在的，相反地，外在性就构成自然的规定，在这种规定中自然才作为自然而存在"③。在这里，黑格尔反复强调了一个原则，即自然界是自我异化的精神，精神对自然界说来是本原的东西。

对于黑格尔的这种理念外化为自然的唯心主义，马克思和恩格斯都做过十分中肯的批评。马克思在《资本论》第二版跋中写道，"在黑格尔看来，思维过程，即他称为观念而甚至把它变成独立主体的思维过程，是现实事物的创造主，而现实事物只是思维过程的外部表现。我的看法则相反，观念的东西不外是移入人的头脑并在人的头脑中改造过的物质的东西而已"④。恩格斯在《费尔巴哈和德国古典哲学的终结》里说，"唯物主义把自然界看作唯一现实的东西，而在黑格尔的体系中自然界只是绝对观念的'外化'，好像是这个观念的退化；无论如何，思维及其思想产物即观念在这里是本原的，而自然界是派生的，只是由于观念的下降才存在"⑤。马克思和恩格斯的这些批评正确地揭示出了黑格尔的自然概念的唯心主义实质。

---

① ［德］黑格尔：《小逻辑》，第 428 页。
② ［德］黑格尔：《小逻辑》，第 60 页。
③ ［德］黑格尔：《自然哲学》，第 19—20 页。
④ 《马克思恩格斯全集》第 23 卷，第 24 页。
⑤ 《马克思恩格斯全集》第 21 卷，第 313 页。

关于黑格尔的这种从绝对精神到自然界、从逻辑理念到自然理念的过渡，马克思早在《1844年经济学-哲学手稿》里就已经站在唯物主义立场上做过深刻的分析，解剖了黑格尔的举动如此奇妙而怪诞的整个观念。马克思指出，黑格尔的绝对精神、逻辑理念无非是人的思维的必然结果，但在黑格尔那里却被解释为抽象的、只在思维中运动的思维，即无眼、无牙、无耳、无一切的思维，被解释为居于自然界和人之外的僵化的精灵，他把这一切僵化的精灵统统禁锢在他的逻辑学里，这是他所完成的最初的否定；在逻辑学里黑格尔描绘了逻辑理念从存在到本质、从本质到概念的抽象发展过程，这时逻辑理念已经不愿意再去从头经历全部抽象活动，而决心把那只作为抽象、作为思想物而隐藏在它里面的自然界从自身释放出去，也就是说，决心抛弃抽象而直观摆脱掉它的自然界，这是他所完成的否定的否定，即对抽象的自然界的否定。马克思进一步指出，这种否定的否定作为思想的异在，虽然对黑格尔这位抽象思维者说来不过是在感性的、外在的形式下重复逻辑的抽象而已，却是现实的、可以被直观的、有别于抽象思维的自然界。因此，"从逻辑学到自然哲学的这整个过渡，无非就是对抽象思维者说来如此难以达到、因而由他作了如此牵强附会的描述的从抽象到直观的过渡。有一种神秘的感觉驱使哲学家从抽象思维进入直观，那就是厌烦，就是对内容的渴望"①。在这里，马克思精辟地揭露了黑格尔的理念的秘密，说明他所完成的第一个否定就是把人的思维异化的结果宣布为独立于自然界与人的逻辑理念，而他所完成的否定的否定就是让逻辑理念扬弃其自身，采取一种奇妙而怪诞的举动，一跃而异化为自然，促成这种过渡的就是对抽象的厌烦和对内容的渴望。

在把自然界确定为逻辑理念的异化以后，黑格尔还进一步用唯心主义泛神论的方式承认了创世说。他在探讨"上帝为什么决意创造自然"

---

① 《马克思恩格斯全集》第42卷，第178页。

的问题时明确地表示:"人们虽然可以设想上帝是一个主体,一种自为的现实,远离世界而存在;但这样一种抽象的无限性,这样一种仿佛存在于特殊事物之外的普遍性,也许本身只是一个方面,因而本身只是一种特殊的东西、有限的东西"。① 黑格尔与那些神学正统派和自然神论者不同,反对把上帝视为远离世界而存在的专制的君王、慈祥的父亲和创世的技师,反对把上帝设想为人格化的精神实体,认为这会把真正无限的精神实体贬低为有限的东西,把真正普遍的精神实体贬低为特殊的东西。在有神论者黑格尔看来,真正的上帝是自己规定自己的普遍精神实体,它就在这个世界里存在着,能够把一种完全不等同的东西从自身置于自身之外,又使之回到自身之内,以便自己作为主体而存在。他说,"上帝有两种启示,一为自然,一为精神,上帝的这两个形态是他的庙堂,他充满两者,他呈现在两者之中。上帝作为一种抽象物,并不是真正的上帝,相反地,只有作为设定自己的他方、设定世界的活生生的过程,他才是真正的上帝,而他的他方,就其神圣的形式来看,是上帝之子。只有在与自己的他方的统一中,在精神中,上帝才是主体"②。

  黑格尔这里提出的思想可以从两个方面来看。第一,上帝作为普遍的精神实体在自身就包含着一种完全不等同的东西,因而能够把这个他物设定到自身之外,就此而言,黑格尔的思想实质上是宗教创世说。关于这方面,费尔巴哈曾经写道,"黑格尔关于自然、实在为理念建立的学说,是用理性的说法来表达自然为上帝所创造、物质实体为非物质的、亦即抽象的实体所创造的神学学说"③。恩格斯在《费尔巴哈和德国古典哲学的终结》里也说过,"在哲学家那里,例如在黑格尔那里,创世说往往采取了

----

① 〔德〕黑格尔:《自然哲学》,第18页。
② 〔德〕黑格尔:《自然哲学》,第18页。
③ 《费尔巴哈哲学著作选集》上卷,商务印书馆1984年版,第114页。

比在基督教那里还要混乱而荒唐的形式"①。第二,上帝作为宇宙的神圣理念充满自然界和人的精神,直接呈现在这两者之中,就此而言,黑格尔的思想在形式上是唯心主义泛神论。关于这方面,海涅曾经说,"我们这些人信仰着一个真正的上帝,它在无限的广延中向我们的感官,并在无限的思维中向我们的精神启示它自己,我们在自然中崇敬着一个可见的上帝,并在我们自己的灵魂中倾听着它那不可见的声音"②。

这里的一个重要问题在于,黑格尔与大部分抱有自然神论观点的机械唯物主义者一样,认为自然界也是由上帝创造的,但在那些机械唯物主义者看来,上帝在制造出大自然这座钟表,给它上满发条以后,就撒手不管了,让它按照力学规律自动地运转起来,而在黑格尔看来,上帝在创造出自然界以后,还作为宇宙的神圣理念寓于自然界之内,构成自然界的本质,支配着自然事物的运动和发展。从寻求世界的物质的统一性来看,黑格尔的这种观点与机械唯物主义相比,当然是一种退步,但同时也是一种进步,因为这种泛神论观点有助于克服机械主义的局限性,而给揭示自然界的辩证发展提供广阔的余地。另一个重要问题在于,与神学正统派不同,创造了自然界的上帝并不是作为人格化的精神实体,从上而下地主宰自然界和人类历史,而是作为具有理性规律的普遍精神实体,把自己的神性从可见的自然界和人的精神中显现出来,因而与人休戚相关。黑格尔的这种把非理性化为理性的哲学思想,一方面确实与无神论相对立,是神学最后的理性支柱,但在另一方面,却把没有规律的上帝解释为合乎规律的神圣理念,强迫上帝服从逻辑的必然性。正像费希特把上帝视为活生生的道德秩序,被指控为宣传无神论一样,黑格尔把上帝视为逻辑理念,也曾经被指责为凌驾于宗教之上。

---

① 《马克思恩格斯全集》第 21 卷,第 316 页。
② [德]海涅:《论德国》,第 323 页。

黑格尔有时说自然界是上帝的庙堂,有时说自然界的内在本质是普遍的东西,说法不同,但都包含这样的意思:理念构成自然界的实质,外在性构成自然界的规定,前者是理性的精神内容,后者是感性的物质外壳,前者的性状如何,后者的性状也就如何。或用黑格尔自己的话来说,"在这种外在性中,概念的规定具有互不相干的持续存在的外观,互相孤立的外观;因此概念是作为内在的东西。所以,自然在其定在中没有表现出任何自由,而是表现出必然性和偶然性"①。这里所谓的必然性是指理念的各个形成物的必然性及其在有机总体中的理性规定。所谓的偶然性是指这些形成物的互不相干的偶然性及无规则状态。在黑格尔看来,自然理念之所以会出现这样的矛盾,是由于理念作为自然处于其自身之外,更具体地说,是由于理念作为自然界的内在东西具有必然性,但理念在其外在性中的各个规定却具有偶然性,因此,自然界只是孤立地保持着理念的规定,而将特殊东西的实现委诸外在的可规定性,这是自然界无能的表现。

关于自然界中必然性与偶然性的关系,黑格尔首先肯定,"由外面促成的偶然性和可规定性在自然领域内是有其地位的,这种偶然性在具体的个体形成物的领域中作用最大,而这些形成物作为自然事物同时又只是直接具体的。直接具体的东西也就是一堆彼此外在的属性,这些属性或多或少是彼此不相干的,正因为如此,单纯的、自为存在着的主观性对它们也是不相干的,使它们听任外在的、因而偶然的规定去支配"②。这个"单纯的、自为存在着的主观性"就是自然界中的理念,它使丰富多彩的自然事物听任外在偶然性的支配。其次,黑格尔认为,偶然性作为理念的一个形式,是现实性的外部环节。"偶然的东西仅仅是采取他物映现的片面形式的现实事物,或者说,是具有单纯可能的东西的意义的现实事

---

① [德]黑格尔:《自然哲学》,第24页。
② [德]黑格尔:《自然哲学》,第32页。

物。因此,我们就把偶然的东西视为这样一种事物,这种事物可能存在,也可能不存在,而且它存在或不存在、这样存在或那样存在的根据都不在它本身,而在他物之中"①。而这个他物就是理念的必然性内容,就是现实事物的自身映现。这就是说,偶然性作为现实事物的他物映现来自现实事物的自身映现,作为理念的一个形式来自理念的内容。并且黑格尔进一步认为,"偶然的东西作为直接的现实性,同时也是一个他物的可能性,然而不再单纯是我们最初得到的抽象可能性,而是存在着的可能性,因而这样的可能性就是条件"②。作为偶然的外在情况,"这些条件是被动的,对于实质来说是作为材料加以利用的,因而便进入实质的内容;这些条件同样符合于这种内容,并且已经在自身包含着这种内容的全部规定"③。这就是说,作为现实性的外部环节的偶然性转化成了作为现实性的内部环节的可能性,因而就从现实事物的他物映现返回到了现实事物的自身映现,从理念的形式进入了理念的内容。

这样一来,黑格尔就用他那必然性与偶然性的概念辩证法,克服了夸大偶然性作用的偶因论和否认偶然性存在的机械决定论。针对偶因论,黑格尔指出,"就自然界来说,人们之所以习惯于赞美自然界,往往主要是因为自然界的产物丰富多彩。但这种丰富性本身,除了其中包含的理念的展现之外,决没有提供更高的理性兴趣,而且品汇繁多的无机产物和有机产物提供给我们的,也不过是对那流于不确定状态的偶然性的观感。无论如何,各个动物和植物品种的那类受外部环境制约的五彩缤纷的表演,风云状态的那种变化多端,与在随意任性的精神中突然出现的同样偶然的奇想相比,是不应该看得更高的,并且对这类现象的赞美也是一种很抽象的态度,我们必须超出这种态度,迈向对于自然界的内在和谐和规律

---

① [德]黑格尔:《小逻辑》,第301页。

② [德]黑格尔:《小逻辑》,第304页。

③ [德]黑格尔:《小逻辑》,第310—311页。

性的确切认识"①。针对机械决定论的错误,黑格尔也指出,"认为科学、特别是哲学的任务就在于从偶然性的映现里认识隐蔽的必然性,这是完全正确的;然而,切不可把这个看法理解成这样,好像偶然的东西仅仅属于我们的主观表象,因此,为了求得真理,似乎就必须完全排除偶然的东西。那些片面地遵循这个方向的科学研究,将不免被人正当地谴责为空疏的把戏和固执的学究"②。

在黑格尔看来,必然性是由三个环节组成的,一个环节是作为偶然的外在情况的条件,另一个环节是作为独立自为的内容的实质,最后一个环节是作为这两者的相互转变的活动。"活动是将条件转变为实质,将实质转变为条件的运动",这就是说,一方面,"实质依据条件而表明自己为实质,从条件中产生出来",另一方面,实质也"裂变为起中介作用的根据(实质和活动),裂变为一种直接的现实性,即一种同时也是条件的偶然条件"③。黑格尔关于必然性与偶然性的相互联系和相互转化所作的这些论述,对于探索大自然的秘密是有启发价值的。恩格斯曾经根据他那个时代的经典统计学知识,概述了辩证法规律在自然界中起作用的方式。他说,"在自然界中这些规律是不自觉地、以外部必然性的形式、在无穷无尽的表面的偶然性中为自己开辟道路的"。必然性与偶然性的对立只有相对的意义。"被断定为必然的东西,是由纯粹的偶然性构成的,而所谓偶然的东西,是一种有必然性隐藏在里面的形式"④。达尔文在宏观现象中发现,生物个体发生的偶然变异是不定向的,但受到选择规律的制约,最适者得以繁殖,不适者遭到淘汰,从而造成了物种的不断进化。恩

---

① [德]黑格尔:《小逻辑》,第 301 页。
② [德]黑格尔:《小逻辑》,第 303 页。
③ [德]黑格尔:《小逻辑》,第 311—312 页。
④ 恩格斯:《路德维希·费尔巴哈和德国古典哲学的终结》,《马克思恩格斯全集》第 21 卷,第 337—338 页。

格斯在从哲学上概括这一成就时指出,"达尔文学说是黑格尔关于必然性和偶然性的内在联系的论述在实践上的证明"①。现代自然科学已经从宏观领域深入到微观领域。在描述微观粒子运动规律的量子力学中,按照维·海森堡(W.Heisenberg 1901—1976)提出的测不准关系,一类事件(如测量位置、方位角、时间)完全确定的实现、即必然性以另一类事件(如测量动量、动量矩、能量)完全不确定的实现、即偶然性为条件,反之亦然。这是否意味着在微观系统中必然性与偶然性可以互为条件和相互转化呢?现代生物学也告诉我们,生物进化的方向是在无限的偶然事件(不定变异、基因突变、重组过程等等)的直接参与下,由生命结构中已经建立的自然选择的必然性决定的,这就保证了千差万别的物种的产生。但这种不问时间和地点,也不管对机体是否有利而发生的偶然性与能够整理偶然性的又瞎又聋的自然选择力量是怎样相互结合起来的呢?泰·杜布赞斯基(Th.Dobzhansky 1900—1975)说,"在进化过程中,偶然性与天数并不是非此即彼。现在科学理论正面临着这样一个时刻,在这个时刻我们必须求助于某些黑格尔的或马克思的辩证法。我们需要偶然性的'正题'和宿命论的'反题'的一种综合(合题)。我们的哲学能力不足以完成这个任务。我们恳求哲学同事们的合作"②。正像恩格斯曾经回答过他那个时代的自然科学在宏观水平上提出的必然性与偶然性的内在联系问题一样,现代马克思主义哲学家也有责任回答现代自然科学在微观水平上提出的同样的问题。

　　不过,自然界中必然性与偶然性的矛盾的实质却被黑格尔作了唯心主义泛神论的解释。黑格尔认为,作为普遍的精神实体的上帝在自己所创造的自然界这座庙堂里,居住得并不舒畅。作为无限精神的逻辑理念

---

①　恩格斯:《自然辩证法》,《马克思恩格斯全集》第 20 卷,第 650 页。

②　[美]杜布赞斯基:《进化中的偶然性与创造力》,载《对生物学哲学的研究》,伦敦 1974 年,第 329 页。

本来是无限地自由的,但它的外化却是展现它的必然性的那许多偶然性的集合;它本来是活生生的,但它的他在却是一堆供知性处置的尸体;它虽然作为概念的统一性隐藏在自然界里,但已经是受到束缚的自然理念,因此,它只有作为一位放荡不羁的酒神,在自然界里一味开怀嬉戏。关于这种情况,黑格尔写道:"自然在理念中自在地是神圣的,它的存在并不符合于它的概念;自然宁可说是未经解决的矛盾。它的特性是被设定的存在,是否定的东西,就像古人把一般物质理解为 non-ens〔非存在〕。所以自然曾经也被说成是理念背离其自身,因为理念作为这种外在性形态,是处在其不自相符合的状态的"①。在他看来,"自然界的目标就是自己毁灭自己,并打破自己的直接的东西和感性的东西的外壳,像芬尼克斯那样焚毁自己,以便作为精神从这种得到更新的外在性中涌现出来"②。这就是说,理念之所以在自然界中不断地抛弃自己创造的一个领域,并进入自己重新创造的另一领域,从而经历了力学过程、物理过程和有机过程这三个基本的范围,就是为了克服那种不符合的状态,得到自由的呼吸。

在概括理念从自然界及其必然性和偶然性中解放出来的这种活动时,黑格尔说,"如果我们简略地看一下我们所经历过的领域,我们就会发现,理念最初是在重力范围内自由地外化为这样一种有形体的东西,这种东西的各个环节就是自由的天体;然后,这种外在性就形成一些属性和性质,它们属于个体的统一性,在化学过程中得到了一种内在的和物理的运动;最后,在生命中,重力就外化为具有主观统一性的环节。这部演讲录的宗旨就是要提供一幅自然图画,以便制胜普罗丢斯,在这种外在性中只寻找我们自己的明镜,在自然界中看到精神的一种自由反映——这就是要认识上帝,不是在精神的静观中去认识,而是在上帝的这种直接特定

---

① ［德］黑格尔:《自然哲学》,第 24—25 页。
② ［德］黑格尔:《自然哲学》,第 617 页。

存在中去认识"①。

诚然,黑格尔把自然界的本质解释成作为绝对精神的上帝,把自然界的变化解释成希腊神话中的海神普罗丢斯的活动,这具有浓厚的唯心主义泛神论色彩,与唯物主义的无神论和发展观是对立的;但他主张人能在自然界中运用概念的方法认识这个普遍的精神实体,确信那处于物质外壳中的精神会获得解放,认为隐藏在无穷多外在形态之下的理念最终将会向人的理性展现出来,这却表现了当时要求进步的德国资产阶级用新教神学的自然概念取代正统派神学的自然概念,期待解放的心愿,表现了这个阶级决意用理性的方式探索大自然的奥秘的勇气。在黑格尔看来,正统派神学关于人格化的上帝创造自然的感性表象是不能接受的,机械唯物主义关于自然界为力学规律所支配的知性观念也是不能接受的,这就决定了他把上帝解释为服从逻辑规律的理念,把自然理解为理念的外化,认为理念是支配着自然界的千变万化的内在本质。黑格尔的这种自然概念既体现了德国资产阶级向封建意识形态作斗争的特殊方式,也反映了这个阶级与法国资产阶级不同,使自己的革命辩证法同宗教神学相调和的不彻底性。而对我们来说,重要的则是黑格尔自然概念的辩证法方面。

第二节　自然界是一个活生生的整体

在黑格尔的哲学体系中,既然自然界是逻辑理念的外化,因此,自然界与这个作为它的内在本质的逻辑总体相对应,也必定是一个有机整体。

---

① ［德］黑格尔:《自然哲学》,第618页。

黑格尔写道,"自然界须看作是一种由各个阶段组成的系统,其中一个阶段是从另一阶段必然产生的,是得出它的另一阶段的最切近的真理"①。并且,正像逻辑理念是一个活生生的总体一样,作为逻辑理念的外化的"自然界自在地是一个活生生的整体"②。就此而言,黑格尔的自然概念与霍尔巴赫的自然概念是近似的,他们都从近代资产阶级的理性主义出发,把自然界理解为一个由各种不同的物质以及它们的不同的组合和不同的运动集合而成的整体。但是,在自然界的本质和它的各个阶段的推移的问题上,黑格尔却秉承着德国的泛神论传统,认为逻辑理念构成自然界的根据,自然界的发展和变化都是由这个精神实体的发展与变化促成的。在谈到自然界的一个阶段向另一个阶段的转化时,黑格尔写道,"并非这一阶段好像会从另一阶段自然地产生出来,相反地,它是在内在的、构成自然的根据的理念里产生出来的。形态的变化只属于概念本身,因为唯有概念的变化才是发展"。"引导各个阶段向前发展的辩证的概念,是各个阶段内在的东西"③。这样,黑格尔就与霍尔巴赫相反,认为自然界本身并没有发展动力,一个自然领域到另一个自然领域的转化并不是以自然的方式完成的,而是在寓于自然之内的理念中产生的。

在黑格尔看来,"借以把握自然界的阶段发展过程的两种形式是进化和流射。进化是从不完善的、缺乏形式的东西开始,它的进程是这样的:首先出现的是湿润含水的产物,从水中出现植物、水螅类和软体动物,然后出现了鱼类,随后是陆生动物,最后从这种动物产生了人"。"流射进程的说法,是东方国家固有的;流射是一种退化的阶序,这种阶序是从完善的东西,从绝对的总体,从上帝开始的,上帝进行了创造,出现了星光、闪电和上帝的一些映象,以致最初的映象就和上帝极其相似。这种最

---

① [德]黑格尔:《自然哲学》,第28页。
② [德]黑格尔:《自然哲学》,第34页。
③ [德]黑格尔:《自然哲学》,第28—29页。

初的创造物又能动地进行了创造,不过是创造了更不完善的东西,如此向下创造,以致每一被创造的东西总是又能进行创造,直到创造出否定的东西、物质和极恶"①。在黑格尔的视野中,主张自然界的发展遵循进化方向或形式的哲学先驱是米利都学派的自然哲学家们,他们把自然界的发展视为从最简单的物质到日趋复杂的形体的过程;主张自然界的发展遵循退化方向或形式的哲学先驱是印度古代的《薄伽梵歌》,在这部著作中,自然界的发展被描绘为从最完善的精神实体薄伽梵(Bhagavat)到日趋不完善的东西的退化过程,被描绘为一种与向上分蘖的进步过程相反的向下分蘖的退步过程,即所谓的"上根而下垂枝,物境为其芽苗"。黑格尔在自己的时代也看到了这两种自然哲学观点在自然科学中的表现。属于前者的是让·巴·罗比耐(J.B.Robinet 1735—1820)的生物学观点,他主张一切生物都依靠其自身的力量所能给予自身的作用或由外物给予它们的作用,而日益自我分化和自我完善,形成了一个充实的直线进化阶梯。属于后者的是乔·布丰(G.Buffon 1707—1788)的生物学观点,他相信各个不同的生物物种大都是一种或几种较为完善的原始类型退化的结果。

黑格尔肯定了这两种自然哲学观点的长处。他说,无论是从最贫乏的规定和内容开始,还是采取相反的方向,两者都"有一种次序,这比我们把一切都互相混在一起,要好一点;把一切都混在一起,立即就会使一般意识,使具有概念认识征兆的人产生某种反感"②。但是,在黑格尔看来,这两种自然哲学观点都属于模糊不清的、根本上是感性的观念。抛弃这类感性的观念,深入到自然事物的内在本质,就会看到在自然界的阶段发展过程中,一个阶段对另一个阶段的否定并不是外在于自然事物的,"而是它们的理念的内在要素,这一要素促使它们消逝,促使它们向另一

---

① [德]黑格尔:《自然哲学》,第30—31页。
② [德]黑格尔:《自然哲学》,第29页。

种现实存在过渡,同时也向更高的概念过渡"。因此,"一个阶段由另一阶段来补充,这是理念的必然性"①。他批评了只讲量的变化而忽略质的区别的进化观,指出了在自然界中"概念是按质的规定性分化的,而在这种情况下就一定造成飞跃。non datur saltus in natura〔自然界里无飞跃〕这个先前的说法或所谓的规律,完全和概念的分裂过程不相容"②。康德在其《关于运动和静止的新概念》(1758)里提出,自然过程并非总是连续的,也包含着间断性环节,现在黑格尔进一步贯彻了这个思想,可以说,这是对当时那种认为"自然界里无飞跃"的传统观点的一个巨大打击。针对退化观,黑格尔也指出,"在形态变化的观念中,也是以同一理念为基础,无论在全部不同的类属,还是在个别器官,都保持着同一理念,以致它们只是同一个原型所具有的形式的变换"③。他竭力把感性表象中的完善东西改造为辩证概念中的理念原型。最后,黑格尔指出,进化观与退化观所讲的"两种过程都是片面的和表面的,都设定了一个不确定的目标"④。这就是说,在黑格尔看来,自然界的阶段发展过程是以理念从其外在性返回到自身,把自身创造成精神的现实存在为终极目的,而不是像进化观和退化观那样,以缺乏任何形式而告终。

黑格尔给自己提出的课题是克服进化观与退化观的片面性和表面性,阐明理念的发展过程就是进化和退化的内在统一。在《逻辑学》(1816)里谈到逻辑理念的发展时,他就已经写道,"前进的运动每向前一步,每一个继续的规定,都是同没有规定的开端越离越远,但同时又是越来越近地向开端返回,因此,最初看起来可能是不同的东西,即退后论证开端和向

---

① ［德］黑格尔:《自然哲学》,第 29—30 页。
② ［德］黑格尔:《自然哲学》,第 32 页。
③ ［德］黑格尔:《自然哲学》,第 31 页。
④ ［德］黑格尔:《自然哲学》,第 31 页。

前继续规定开端,就都是汇合在一起的,都是同一的"①。这里谈的是逻辑理念的圆圈式运动,在这个运动过程中,前进和后退是汇合在一起的。在《哲学全书》的《逻辑科学》中,黑格尔不仅复述了这一思想,而且在用三段式表达逻辑理念的发展时说,"第一个范畴表示一个范围内的简单规定","第二个范畴表示一个范围内的分化阶段","第三个范畴则表示由分化而回复到简单的自相联系"②。这意味着由正题到反题是分化或进化的过程,而由反题到合题是整化或退化的过程。

在《哲学全书》的《自然哲学》中,黑格尔写道,"自然界的规定性是这样的:理念自己规定自己,即设定自身内的区别",而"这种有区别的东西可以借三种形式——普遍、特殊和个别——来把握"③。他把进化过程的开端规定为抽象的东西、普遍的东西,而把退化过程的开端规定为具体的东西、个别的东西。用黑格尔的泛逻辑主义语言来说,由普遍(A)、特殊(B)和个别(E)组成的理念的发展在其进化的方向上是系列(1)A—B—E,它表示理念分化或特化的过程,表示从简单到复杂、从不完善到完善、从低级到高级的过程;反之,理念的发展在其退化的方向上是系列(2)E—B—A,它表示理念整化或泛化的过程,表示从复杂到简单、从完善到不完善、从高级到低级的过程。在黑格尔看来,普遍与个别是相互蕴含的,一切事物都是将普遍与个别结合起来的特殊。因此,理念的发展在采取 A—B—E 的形式的时候,同时也是采取 E—B—A 的形式的时候。换句话说,在理念的发展过程中进化形式与退化形式是统一的。所以,黑格尔说,"这些形式中的每一个,孤立起来看都是片面的,并且这些形式是同时存在的;永恒的神圣的过程是一种向着两个相反方向的流动,两个方向完全相会为一,贯穿在一起"。针对那种以完善东西为开端的片面退

---

① [德]黑格尔:《逻辑学》下卷,杨一之译,商务印书馆 1976 年版,第 550 页。
② [德]黑格尔:《小逻辑》,第 187 页。
③ [德]黑格尔:《自然哲学》,第 20 页。

化观,黑格尔指出,"即使我们给最初的东西以至尚称号,它也不过是一种直接东西,虽然我们以为是一种具体东西"。针对那种以不完善东西为开端的片面进化观,黑格尔指出,"较前的阶段一方面通过进化得到了扬弃,另一方面却作为背景继续存在,并通过流射又被产生出来。因此,进化也是退化"①。

　　不管黑格尔的这个结论是怎样从他的概念辩证法中得出来的,它的重要价值都不容否认。在黑格尔以后,自然科学的发展取得了许多划时代的发现。经典热力学和生物进化论的建立为研究进化与退化的内在联系提供了重要依据。恩格斯曾经指出,"要精确地描绘宇宙、宇宙的发展和人类的发展,以及这些发展在人们头脑中的反映,就只有用辩证的方法,只有经常注意产生和消灭之间、前进的变化和后退的变化之间的普遍相互作用才能做到"②。这种前进的变化与后退的变化的相互作用就是宇宙发展中进化与退化的联系。克劳胥斯把适用于孤立系统的热力学第二定律推广到宇宙这个开放系统上,断言整个宇宙的熵是不可逆地增加的,以至宇宙最终趋于热寂状态;恩格斯在批评这种片面退化观时,不仅指出了它违反能量守恒和转化的定律,而且就"辐射到宇宙空间中的热怎样变得可以重新利用"的问题提出了这样一个假设:"放射到太空中去的热一定有可能通过某种途径(指明这一途径,将是以后自然科学的课题)转变为另一种运动形式,在这种运动形式中,它能够重新集结和活动起来"③。这个假设的实质就是要揭示出宇宙发展中与熵增过程相反的熵减过程,阐明两者的相互依存与相互转化,而这正是天体演化学所要解决的一个课题。达尔文的进化论的拥护者们在这一学说未被承认时片面强调和谐和退化,在这一学说被承认之后则片面强调斗争和进化;恩格斯

---

① ［德］黑格尔:《自然哲学》,第36—37页。
② 恩格斯:《自然辩证法》,《马克思恩格斯全集》第20卷,第26页。
③ 恩格斯:《自然辩证法》,《马克思恩格斯全集》第20卷,第378页。

指出,"这两种见解在某种狭窄的范围内都是有道理的,然而两者都同样是片面的和褊狭的。自然界中死的物体的相互作用包含着和谐和冲突;活的物体的相互作用则既包含有意识的和无意识的合作,也包含有意识的和无意识的斗争"。"有机物发展中的每一进化同时又是退化,因为它巩固一个方面的发展,排除其他许多方面的发展的可能性"①。

现代自然科学的发展,进一步揭示了自然界的进化与退化的辩证关系。诺·维纳(N.Wiener 1894——1964)曾经认为,"当整个宇宙(如果真的有整个宇宙的话)趋于衰退时,其中就有一些局部区域,其发展方向看来是和整个宇宙的发展方向相反,同时它们内部的组织程度有着暂时的和有限的增加趋势。生命就是在这些局部区域的几个地方找到了它的寄居地"②。在这里,维纳虽然还没有摆脱"宇宙热寂说"的前提,但已经正确地看到熵的增加趋势和组织程度的增加趋势、即退化和进化是相互消长的。伊·普利高津(I.Prigogine 1917——)的耗散结构理论在把热力学第二定律限定在对封闭系统有效的前提下,揭示出远离平衡的开放系统通过与外界交换能量与物质,既可以在一定条件下形成新的稳定有序的结构,实现由无序向有序、即由退化向进化的转变,也可以在一定条件下失去原有的有序稳定的结构,实现由有序向无序、即由进化向退化的转变。他写道,"引人注目的新的特点是,在远离平衡态时,物质可能产生新的力学状态。我把这些状态叫作'耗散结构',因为它们既出现了组织,又产生了相干性,并暗含着只有耗散能量才能保持其结构。令人惊异的是,同样的过程在接近平衡时导致结构的破坏,而在远离平衡时却可能导致结构的出现"③。因此,我们可以由此得出这样的哲学结论:在自然

---

① 恩格斯:《自然辩证法》,《马克思恩格斯全集》第20卷,第652页。
② [美]维纳:《人有人的用处》,陈步译,商务印书馆1978年版,第6页。
③ 《普利高津与耗散结构理论》,湛垦华、沈小峰编译,陕西科技出版社1982年版,第225——226页。

界这个开放系统发展的长河中,进化与退化具有相反相成和相互转化的关系,当前一种趋势居于主导地位时,就逐渐出现了高度组织起来的物质系统,当后一种趋势居于主导地位时,高度组织起来的物质系统则会不可避免地衰亡下去。正像把宇宙发展中的退化趋势绝对化,会导致"宇宙热寂说"的错误一样,把宇宙发展中的前进趋势绝对化,也会得出一种类似于基督教发展观的错误结论。

黑格尔关于系列(1)A—B—E 与系列(2)E—B—A 相互结合的本体论观点,是德国思辨自然哲学合乎逻辑地发展的结果①。康德在其早期著作中,认为自然界的发展经历了进化与退化两个阶段,前一个阶段标志着自然事物从混沌状态到井然有序的发展,后一个阶段标志着自然事物从井然有序到混沌状态的发展。他明确地肯定,"一切天然的东西都服从这样的规律:在这些东西开始具有完善性时起作用的同一个力学过程,在它们达到完善的顶点时,由于不断改变着事物,同时也就又逐渐远离开最佳状态的条件,而终于以察觉不到的步伐走向衰老"②。赫尔德发展了康德关于自然界的进化的学说。他披着有神论的外衣写道,"借助于移入的神圣力量,从混沌状态中产生出秩序"③。一切天体系统都是这样形成的,我们的太阳系也不例外。他具体地刻画了地球上的进化过程。在他看来,无论是从无机自然过渡到有机自然,还是从低级生物过渡到高级生物,都是以低级阶段的创造物的大规模毁灭为条件的;自然界迅速造成了这些过渡,仿佛自然界害怕一切缓慢死亡似的。他给我们提供的是这样一幅进化图景:"从石头到晶体,从晶体到金属,从金属到植物,从植物

---

① 参看拙作《德国古典自然哲学中的进化和退化》,载《康德黑格尔研究》第 1 辑,上海人民出版社 1985 年版。

② [德]康德:《从物理学考虑地球是否已经衰老的问题》,《康德全集》,普鲁士科学院版,第 1 卷,第 198 页。

③ [德]赫尔德:《人类历史哲学观念》第 2 卷,柏林 1965 年,第 221 页。

到动物,从动物到人类,我们看到了组织形式的上升过程,随着这种上升的过程,创造物的各种力量与内在动力也变得更加种类繁多,并且这一切力量与动力终于都在人类的形态中统一起来,因为人类的形态能够统摄这些力量与动力。在人类当中这个进化系列停息下来了;我们看不到有什么超过人类的创造物,它会组织得更加种类繁多,更加技艺精巧。人类似乎是地球上的有机组织所能形成的最高创造物"①。赫尔德对康德的进化观点的这些发挥基本上是从唯物主义立场做出的;与此相反,谢林在其早期著作中则从客观唯心主义立场出发,进一步发展了这些观点。在谢林的早期哲学中,自然和社会是从一个神秘的精神本原、即"绝对的同一性"产生出来的,这种产生的过程就是理智进行创造的过程。从"绝对的同一性"开始,无意识的理智在"原始对立"的推动下,经过各个阶段,上升到自我意识;有意识的理智从自我意识开始,在"原始对立"的推动下,经过各个阶段的进化,又最后突然回到那个"绝对的同一性"。整个自然界的发展都被解释为对立不断产生又不断解决的进化过程。"贯穿在整个自然界里的正是一种普遍的二元对立,而我们在宇宙里发现的只不过是那一原始对立流传下来的一些后代,宇宙本身就存在于它们中间"②。因此,自然界的发展就被描绘成了无意识的理智所创造的上升序列,它包括质料、无机物与有机物这样三个主要阶段,在无机物中又分为磁、电和化学过程三个小阶段。谢林认为,"精神乃是一个永恒的琼岛,我们从物质开始,走过许许多多迂回曲折的道路,才能一跃而登上这个岛去"③。谢林在其晚期著作中曾经做过另一种尝试,即按照退化的方式去

---

① [德]赫尔德:《人类历史哲学观念》第 1 卷,柏林 1965 年,第 164 页。
② [德]谢林:《自然哲学体系初步纲要》,《谢林全集》,卡·弗·奥·谢林版,第 3 卷,第 250 页。
③ [德]谢林:《先验唯心论体系》,梁志学、石泉译,商务印书馆 1977 年版,第 93 页。

推演他的早期哲学按照进化的方式所描绘过的同一个过程,但这只具有方法论的意义。而黑格尔的贡献就在于从本体论的意义上把进化与退化结合起来,说明在理念发展的过程中系列(1)A—B—E 与系列(2)E—B—A 是互为存在前提的,是贯穿在一起的。黑格尔的这个精彩的结论属于德国古典哲学的重要成果。

当然,黑格尔是用内在目的论来解释自然界的活生生的发展过程的。在他看来,在自然界中,"概念按照发展的使命,进行合乎目标的发展,或者如果人们愿意的话,也可以说是进行合乎目的的发展"①。这种发展经过了长期的、曲折的道路,终于使概念从外在性返回到精神,并作为精神从自然界中解放出来。但是,黑格尔关于自然界的发展过程的论述却包含着极其深刻的辩证法思想。正是在这个意义上,恩格斯指出,"黑格尔第一次——这是他的巨大功绩——把整个自然的、历史的和精神的世界描写为一个过程,即把它描写为处在不断的运动、变化、转变和发展中,并企图揭示这种运动和发展的内在联系"②。黑格尔以后自然科学的发展表明,自然界是通过无数偶然的随机变化而发展的,这个发展过程在一定条件下表现为偶然性减少的进化过程,在另外的条件下则表现为必然性减少的退化过程。这样,自然界总是经历着偶然与必然、进化与退化相统一的真正的历史发展,也就是一些事物不断瓦解、另一些事物不断涌现的历史发展。这样一幅自然图景是与黑格尔的自然概念十分近似的。所以,我们或许可以说,机械唯物主义哲学家从 16—18 世纪的力学发展中提供了一种自然界的模型,即上帝发动起来的钟表,辩证唯心主义哲学家黑格尔则从 19 世纪初叶德国的精神发展中提供了另一种自然界的模型,即自身不断变化的机体,这种模型既是由内在的精神驱动的,

---

① [德]黑格尔:《自然哲学》,第 34 页。
② 《马克思恩格斯全集》第 20 卷,第 26 页。

又是在外在的物质形态中转变的,既在哲学上突破了机械唯物主义的自然模型,又在概念中预测到尔后自然科学的发展所能提供的崭新的自然观念。

第三章　考察自然的方式

　　黑格尔关于考察自然的方式的论述来源于他关于思维与存在的同一性的学说,是他的这种认识论观点在自然哲学中的具体应用。大家知道,对于思维与存在的同一性问题,黑格尔已经给予了不言而喻的肯定回答。他的基本观点在于,作为认识的对象的存在是作为理念的外化的现实世界,从存在到思维的转化就是思维要认识那个构成现实世界的本质的思想内容,从思维到存在的转化就是要把这样得到的思想内容变为现实,而且这样的相互转化是经过矛盾发展的过程进行的。正是基于这种观点,黑格尔认为,我们考察自然的方式,即"我们对待自然界的态度,一方面是理论的,一方面是实践的"①。他评述了片面的理论态度和片面的实践态度,而主张在考察自然时把理论态度与实践态度统一起来,并把这种考察方式规定为概念的认识活动。我们可以说,他关于考察自然的方式的论述就是他的辩证唯心主义的自然科学方法论。

第一节　评片面理论态度和片面实践态度

　　在黑格尔看来,真正的考察自然的方式是理论态度与实践态度的统

---

① 　[德]黑格尔:《自然哲学》,第6页。

一。理论态度是从客观到主观、从自然到人的过渡,它要解决认识真理的问题,或者说,要解决世界、自然界是什么的问题。实践态度是从主观到客观、从人到自然的过渡,它要解决实现真理的问题,或者说,要解决世界、自然界应该是什么的问题。在谈到考察方式的这两个环节时,黑格尔写道,"认识过程一方面把现实存在着的世界接受到自身之内,接受到主观的表象和思想之内,从而揭示了理念的片面主观性,并把这种真实有效的客观性当作它的内容,借以充实它的抽象确信;另一方面,认识过程又反过来扬弃了那种把客观世界仅仅当作映现,当作偶然事实和虚幻形态的集合体的片面性,并凭借主观东西的内在本性去规定和改造这个集合体,而这种主观东西在这里则被当作真正现实存在着的客观东西"①。在这里,黑格尔不仅用他那客观唯心主义的体系,把考察自然的活动解释为理念自己认识自己和自己实现自己的过程,而且把这个过程理解为克服理论理念、理论态度的片面客观性和克服实践理念、实践态度的片面主观性的过程,认为两种态度在认识过程中是不可分离地结合在一起的。

对于那种从感性知识出发,不发挥主观能动性,一味静观默想的片面理论态度,黑格尔作了分析批判。第一,在黑格尔看来,片面理论态度的起点在于"我们退出自然事物,让它们如实存在,并使我们以它们为转移。这时我们是从关于自然的感性认识出发"②。这样一种考察自然的出发点对黑格尔来说是需要加以分析的。他指出,"如果说在理论态度中我们是听任事物自由,那么这也只是部分地适用于外在官能,因为这些官能本身一部分是理论的,一部分也是实践的"③。例如,嗅觉和味觉作为对于外在性的表现的感觉,是对于空气进入呼吸器官和食物进入消化器官的理论性感觉,但视觉和听觉作为对于内在性的表现的感觉,则是依

---

① ［德］黑格尔:《小逻辑》,第410—411页。
② ［德］黑格尔:《自然哲学》,第9页。
③ ［德］黑格尔:《自然哲学》,第9页。

赖于注意力与主观感受的实践性感觉。黑格尔一方面肯定了感觉活动把现实存在着的自然事物接受到主观的表象之内,但另一方面指出"从事于视、听等等活动的却是一种精神,一种能思维的生物"①,强调了人作为考察自然的主体是能动地认识自然事物的,要满山遍野插上自己的所有权的标志,从茫然无绪的感性中涌现出概念这种普遍的东西来。针对片面理论态度的单纯被动性,黑格尔指出,"我们也许可以说,连动物也不会像这种形而上学家那样愚蠢,因为动物会扑向事物,捕捉它们,抓住它们,把它们吞食掉"②。关于这种主观能动性的思想,马克思作过十分中肯的评价。他说,以前的一切唯物主义"对事物、现实、感性,只是从客体的或者直观的形式去理解,而不是把它们当作人的感性活动,当作实践去理解,不是从主观方面去理解。所以,结果竟是这样,和唯物主义相反,唯心主义却发展了能动的方面,但只是抽象地发展了,因为唯心主义当然是不知道真正现实的、感性的活动本身的"③。

第二,黑格尔看到,片面理论态度在进入思维活动阶段时,确实从关于自然的感性认识中得出了某种普遍的东西,但这种普遍的东西却是相似东西的凑集,而不是各个规定组成的有机总体,是处于特殊东西之外的抽象普遍性,而不是与特殊性相统一的具体普遍性,是主观的形式东西,而不是作为自然事物的内在本质的理念。他站在他的辩证唯心主义立场上说,"事物的这种普遍方面,并不是可以归于我们的主观的东西,相反地,作为与暂时的现象对立的本体,毋宁是事物本身真实的、客观的、现实的东西,就像柏拉图的理念一样。柏拉图的理念并不是存在于遥远的某处,而是作为实体性的类属存在于个别事物之内"④。在这里,撇开他的

---

① [德]黑格尔:《自然哲学》,第9页。
② [德]黑格尔:《自然哲学》,第13页。
③ 马克思:《关于费尔巴哈的提纲》,《马克思恩格斯全集》第3卷,第3页。
④ [德]黑格尔:《自然哲学》,第13页。

客观唯心主义,就他主张普遍东西是寓于个别事物之内的现实东西而言,他关于普遍与个别的辩证关系的论述是很明显的。与此同时,黑格尔认为片面理论态度所坚持的那种抽象普遍性还扼杀了自然事物的生机。他写道,"在表象中思维活动变得愈多,事物的自然性、个别性和直接性消失得也愈多。由于思想的侵入,就使无限多样的自然丰宝贫乏了,自然界的青春生命夭折了,它的色彩变幻消失了。生命自然界中呼啸作响的东西,因思想沉静而缄默起来,它在千般万种动人奇迹中形成的丰富热烈的生命萎缩成为枯燥无味的形式和没有形态的普遍性,这种普遍性可与北方的阴雾相比"①。这就是说,片面理论态度的这种僵死的抽象普遍性是与活生生的自然界格格不入的。

第三,黑格尔揭示了片面理论态度在自身的矛盾,即它直接促成了它所企求的情况的反面。他说,片面的理论态度本来是要认识现实存在的自然界,并不是要认识某种不存在的东西,现在却不是对自然界听之任之,不是感知它和如实了解它,反而使它成为某种全然不同的东西,即通过知性思维使它成为抽象的普遍东西,而自然事物依然作为个别东西在那里独立不倚地存在着,结果就造成了两个东西的分离,一个是主体、普遍或此岸,一个是客体、个别或彼岸。关于如何跳过这两者之间的鸿沟问题,黑格尔指出,"据说自然事物是与我们僵硬对立的,是我们无法透彻认识的,理论意识的这一难题或片面假定直接为实践态度所驳斥"②。因为"理智当然不是就事物的感性存在熟悉事物;反之,由于理智思考事物,它就把事物的内容设定到了自身。实践的观念性只是否定性,可以说,理智在把形式,把普遍性附加给实践的观念性时,也就给个别性具有的否定方面以一种肯定的规定"③。用唯物主义的语言来说,黑格尔在这

---

① [德]黑格尔:《自然哲学》,第10页。
② [德]黑格尔:《自然哲学》,第12页。
③ [德]黑格尔:《自然哲学》,第13页。

里强调了主体通过理论活动把握事物的普遍东西,并通过实践活动能够确证事物以这样的普遍东西为其内容。关于黑格尔的这类思想,列宁曾经指出,"毫无疑问,在黑格尔那里,在分析认识过程中,实践是一个环节,并且也就是向客观的(在黑格尔看来是"绝对的")真理的过渡。因此,当马克思把实践的标准列入认识论时,他的观点是直接和黑格尔接近的"①。

黑格尔批评的这种片面理论态度就是 16 世纪到 18 世纪在哲学中形成的形而上学的或机械主义的考察自然的方式。这种考察方式适应于当时自然科学发展的状态,认为人们在考察自然界时,只是消极地接受独立存在的自然界对自己的作用,而并未积极地影响自然事物,引起自然界的变化,人们通过思维活动从感性认识中得到的概念,诸如关于力、规律与类属之类的范畴,只是一种抽象的或不包含特殊性与个别性在内的普遍东西,而不是具体的或与特殊性和个别性相统一的普遍东西。黑格尔在批评这种考察方式时强调指出,外部官能不仅给主体提供不同的感性东西,而且主体在理论活动中能对它们进行加工,从而把它们综合为一个有机的整体或具体的普遍东西,这种普遍的东西作为由个别性、特殊性与普遍性组成的总体概念,能够通过规定和改造客体的实践态度,证实其自身与自然事物的客观内容是一致的。

黑格尔的这些思想是具有现实意义的。现代物理学发现,在深入到接近光速的高速运动和小于原子尺度的微观世界以后,对客观世界的观测结果依赖于观察者的运动状态和观测手段,因为主体选择的仪器和客体构成了一个相互作用的整体。例如,尼·波尔(N.Bohr 1885—1962)就说过,"在古典物理学的范围内,客体和仪器之间的相互作用可以略去不计,或者,如果必要的话,可以设法将它补偿掉,但是,在量子物理学中,这

---

① 列宁:《哲学笔记》,人民出版社 1974 年版,第 228 页。

种相互作用却形成现象的一个不可分割的部分"①。同时,现代物理学所确立的科学概念,也并不是什么抽象的普遍东西,而是具有更大适用范围的、包含特殊性在内的普遍东西,它更精确地反映了自然事物的内容。例如,量子物理学表明,关于状态的定义包含了几率的概念,因而物理世界遵循的就不再是决定论的因果规律,甚至有人认为它遵循的是以随机行为为基础的统计规律,所以决定论的因果规律只是这种统计规律在特殊条件下的表现,换句话说,统计规律把决定论的因果规律作为一种特殊性环节包含在自身之内。因此,也许可以说,黑格尔的自然科学方法论已经超出了他那个时代的古典物理学的局限性,而在某种程度上符合于现代物理学考察自然的方式。

对于那种从利己欲望出发,无视客观规律,肆意砍伐自然的片面实践态度,黑格尔同样作了分析批判。第一,在黑格尔看来,在人对待自然的这种片面实践态度中,自然事物是一种直接的和外在的东西,人作为目的也同样是直接的、外在的感性个体。人在征服自然界时只是涉及自然事物的个别方面。人为了自己的利益而利用自然,砍伐它,消磨它。不管自然界展示出什么力量来反对人,人都能用其他自然事物抵御自然力量,让这些事物去承受那些力量的磋磨,以便在这些事物背后维护和保存自己。虽然这种态度展现了人征服自然的智慧,但并没有用概念把握住自然规律,所以,"人用这种方式并不能征服自然本身,征服自然中的普遍东西,也不能使这种东西服从自己的目的"②。可以说,黑格尔的这些论述有力地批评了对待自然的实用主义态度。

第二,黑格尔认为,片面实践态度是一种基于有限目的论的考察方式,这种有限目的论坚持着外在的合目的性,好像羊毛之所以存在,只是

① 〔丹麦〕尼·波尔:《原子物理学和人类知识论文续编》,郁韬译,商务印书馆1978年版,第6页。
② 〔德〕黑格尔:《自然哲学》,第7页。

为了我们能用以给自己做衣服，所以，在这种考察方式中，"终极东西是我们的目的，而不是自然事物本身，我们把这些事物变成手段，其使命不取决于它们本身，而取决于我们"①。与此相反，黑格尔发挥了内在目的论的思想，认为"目的概念，作为内在于自然事物的概念，是这些事物的单纯规定性。例如植物的种子，就现实可能性来讲，包含着会在树上长出的一切，因此作为合乎目的的活动，也只是趋向自我保存。亚里士多德就已经在自然界认识到了这个目的概念，并且把这种活动称为事物的本性。因此，真正的目的论考察在于把自然看作在其特有的生命活动内是自由的，这种考察是最高的"②。在这里，黑格尔把内在的目的不是理解为一个有意识地行动着的第三者（有限目的论中的个人或自然神论中的上帝）纳入自然界的目的，而是理解为存在于事物本身的必然性中的目的，这当然是由他的客观唯心主义决定的，构成了他的考察自然的方式的实质，然而他的这种内在目的论却克服了那种外在目的论关于个人目的与自然事物、造物主与自然界的二元对立。因此，恩格斯在谈到这个问题时评论道，"早在康德和黑格尔那里，内在的目的就是对二元论的抗议了"③。

第三，在黑格尔看来，对待自然的片面实践态度一般是由利己的欲望决定的，主体确信自然事物微不足道，一定要用自己的行动扬弃自己与客体的对立，把自然事物消耗掉，使它们与自己同一，所以，"产生的结果就是我们的满足感，我们的自我感觉"④。黑格尔并不完全反对需求的满足，而且他看到了它在克服主体与客体的对立中所起的重要作用，承认"伟大的人物有巨大的需求，也有满足这些需求的手段；伟大的行为仅仅

---

① ［德］黑格尔：《自然哲学》，第 7 页。
② ［德］黑格尔：《自然哲学》，第 8 页。
③ 恩格斯：《自然辩证法》，《马克思恩格斯全集》第 20 卷，第 550 页。
④ ［德］黑格尔：《自然哲学》，第 7 页。

发自深切的痛感"①。但他认为,需求、欲望之类的东西是一些感性的规定,而它们的对象是普遍的不可磨灭的东西,因此,单靠这些感性的规定并不足以达到存在与概念的统一性,而只有缺乏思想的人才停留在这些抽象的规定上②。所以,用唯物主义的语言来说,黑格尔这里批评的是那种无视客观规律的功利主义。

黑格尔对片面实践态度的批评,强调了人是能够思维的生物,只从利己的目的出发,使用感性的方式,并不能把握自然界中的普遍的东西,达到人与自然的统一,而只有认识事物的本性,正确运用自然规律,才能征服自然界。这个批评当然是宝贵的,但由于时代的限制,它还没有涉及片面实践态度对人类造成的危害。正是问题的这一方面,恩格斯后来根据自然科学提供的资料,作了中肯的分析。他谈到美索不达米亚、希腊、小亚细亚以及其他各地居民,为了开拓耕地,竟把森林全部砍光,而没有料想到这些地方就因而变成了荒芜不毛之地。针对这种无视客观规律,肆意砍伐自然的片面实践态度,恩格斯发出警告说,"我们不要过分陶醉于我们对自然界的胜利。对于每一次这样的胜利,自然界都报复了我们"③。

总之,在黑格尔看来,片面的理论态度与片面的实践态度都不是真正的考察自然的方式,都不足以认识自然和征服自然。前一种态度包含着普遍性,而没有包含个别性或特殊性,后一种态度包含着个别性,而没有包含普遍性;前一种态度是淡泊宁静的,但只是思考自然,缺乏实践环节,后一种态度是满足需要的,但只是毁灭自然,缺乏理论环节。黑格尔在考察自然的方式问题上给自己提出的课题,就是要克服这两种片面性,把理论态度与实践态度统一起来,聚合为总体。

---

① ［德］黑格尔:《自然哲学》,第 537 页。
② 参看黑格尔:《精神现象学》上卷第 120 页以下,下卷第 110 页以下。
③ 《马克思恩格斯全集》第 20 卷,第 519 页。

第二节　论理论态度与实践态度的统一

黑格尔在《自然哲学》中关于理论态度与实践态度的统一所作的论述是他在《哲学全书》的《逻辑科学》中关于理论理念与实践理念的统一所作的论述的具体应用。如果说后者提供的是他的认识论的模型，那么前者提供的则是基于这个模型的自然考察方式的模型。两个模型在本质上是相同的，因此，当我们在评述黑格尔的考察自然的方式的理论时，我们就应当把它与逻辑学中的相应部分结合起来。

在黑格尔所说的考察自然的方式中，理论态度与实践态度是相互联系和相互渗透的。所谓相互联系，就是指那种解决了"自然界是什么"的问题的理论态度要过渡到实践态度，而解决了"自然界应该是什么"的问题的实践态度也要过渡到理论态度。所谓相互渗透，就是指理论态度包含着主体对客体的作用，实践态度包含着客体对主体作用的结果。所以，黑格尔的考察自然的方式的模型就是一个由理论态度与实践态度的相互作用构成的圆圈。

关于理论态度或理论活动，黑格尔指出，"概念的活动在这种认识本身似乎是被动的，但实际上是主动的"①。主体在理论态度中面对着异己的外部自然界，首先进行分析活动。而"这种活动就在于分解给予的具体东西，把其中的各个有差别的东西孤立起来，赋予它们以抽象普遍性的形式"②。也就是说，理论活动首先是按照 E—B—A 的方向进行的，它通

① ［德］黑格尔:《小逻辑》,第 412 页。
② ［德］黑格尔:《小逻辑》,第 412 页。

过抽象作用,对自然界提供的感性具体东西进行分析,逐步从中提取出力、规律与类属之类的普遍东西来。黑格尔肯定了理论活动所采取的这个方向的必要性,因为客体对于主体总是呈现为个别化的形态,因此主体必须首先从事于分析工作,以期从感性的具体东西上升到思维的普遍东西。但是,黑格尔反对就此止步,反对把分析活动作片面的理解。他指出,"许多人说,认识活动除了把各个给予的具体对象分解为它们的许多抽象成分,然后再孤立地考察这些成分之外,就不再会有任何工作可做了。但我们立刻看到,这却把事情弄颠倒了,本来想如实把握事物的认识活动在此陷入了自相矛盾的境地。例如,化学家取一块肉放在他的蒸馏器上,将它多方肢解,然后他告诉人们说,他发现这块肉是由氮、碳、氢等等组成的。但这些抽象的物质已经不再是肉了。当经验派心理学家把一个行为分解为许多不同的方面,对它们加以考察,坚持它们的分离状态时,情况也是如此。用分析方法研究的对象在这里似乎可以看作是一棵葱,人们把它的皮一层又一层地剥掉了,但原来的葱已不再存在"①。

经验主义者把自然事物分解得支离破碎、面目全非,这在那些把自然理解为一个由精神造成的有机整体的德国自然哲学家看来,是一种不足取的知性思维方式。歌德嘲笑了这种做法,黑格尔将他的诗句援引如下:

化学以自然分析自命,

它是在开自己的玩笑,

而且还莫名其妙。

它手里虽然抓着各个部分,

只可惜没有维系它们的精神。②

---

① [德]黑格尔:《小逻辑》,第413页。

② [德]歌德:《浮士德》第1卷,参看上海译文出版社1982年版,第113页。

因此,黑格尔认为,理论活动还必须同时按照相反的方向 A—B—E 进行。他写道,"综合方法的运动恰好与分析方法的运动相反。如果说分析方法的运动是从个别东西出发,进展到普遍东西,那么,在综合方法的运动中普遍东西(定义)则构成经过特殊化(分类)而进展到个别东西(定理)的出发点"①。采取这种方向的理论活动在自己通过定义、分类、定理等等所作的进展中是不断地受概念规定的必然性的指导的。普遍东西作为定义的对象,是得到规定的普遍性,它包含着概念的三个环节,即个别、特殊与普遍。分类是由概念规定的,是概念的分化,这就要求从所要分类的对象的性质中得出分类的原则,从而使分类成为自然的,而不是人为的。在所达到的个别东西中,各个不同的规定已综合为思维的总体,这就是定理。这些不同规定的统一性是经过中介的统一性。提供材料,构成中介环节,就是构造,而给理论活动产生出思维总体的中介过程就是证明。黑格尔强调的是"综合方法表明自身为概念的各个环节在对象中的发展"②。从唯物主义的观点来看,这就意味着由思维的普遍东西到思维的具体东西、由定义的简单规定到这些规定的综合联系的进展必须符合于客观事物的必然性过程,而决不能采取任何主观随意的方法。黑格尔特别批评了由康德兴起的构造概念的观点。他指出,这种所谓概念的构造是从感性直观的抽象规定出发,按照任意附加的外在图式去处置科学研究的对象,它所得到的是直观中的感性具体东西,而不是理性中的具体东西,因此"这种把戏远未表达概念和客观性的统一"③。

黑格尔认为,片面地坚持分析方法或片面地坚持综合方法都是抽象的知性思维方式,而真正的哲学方法则是在分析中有综合,在综合中有分析,或用他自己的话来说,"哲学方法把这两者作为得到扬弃的方法包含

① [德]黑格尔:《小逻辑》,第413页。
② [德]黑格尔:《小逻辑》,第413页。
③ [德]黑格尔:《小逻辑》,第417页。

到自己内部,因而在自己的每个运动中都同时把自己既表现为分析的,又表现为综合的"①。这就意味着在理论活动中 E—B—A 与 A—B—E 是会合在一起的。这种会合在黑格尔看来是这样的:第一,理论活动的开端在直接存在的意义上是片面分析的开端,在普遍性的意义上是片面综合的开端,但理论活动的开端既是普遍的东西,也是具体的东西,所以理论活动既是从综合开始,也是从分析开始;第二,理论活动的进展设定了具体东西中包含的普遍性环节,因而是分析的,同时又否定了普遍东西中的差别,因而是综合的。因此,在黑格尔看来,正像在自然界的发展中 A—B—E 与 E—B—A 是贯穿在一起的那样,在理论活动的进展中 E—B—A 与 A—B—E 也是贯穿在一起的。不过,就事情的实质而言,黑格尔在这里却作了双重的颠倒。第一,在他那里,自然界发展中的 A—B—E 与 E—B—A 的会合不是理论活动进展中的 E—B—A 与 A—B—E 的会合的原本,反而是它的摹本;第二,两种会合之间存在着倒像关系,A—B—E 在自然界发展中表示分化过程,在理论活动进展中则表示综合过程,E—B—A 在自然界发展中表示整化过程,在理论活动进展中则表示分析过程。前一种颠倒是不合理的,后一种颠倒是合理的。

在黑格尔关于理论活动过程所作的论述中特别值得注意的是:第一,他所谓分析方法的运动就是从感性具体上升到思维抽象的途径,他所谓综合方法的运动就是从思维抽象发展到思维具体的途径,他全面地揭示了理论活动辩证发展的道路;第二,他揭示了分析与综合在理论活动的全部过程中都是结合在一起的。黑格尔的这些科学认识论和方法论思想已经在马克思主义创始人那里得到了批判的继承。在马克思谈到自己研究政治经济学的方法时,他一方面说明理论活动的全部过程都是人的头脑借以把握世界的特有的思维活动,批判了黑格尔把思维具体理解为自我

---

① [德]黑格尔:《小逻辑》,第 424 页。

运动的思维的结果这一唯心主义谬论,指出思维具体事实上是人脑把直观和表象加工成概念这一过程的产物;另一方面,在马克思看来,理论活动的第一条道路是从一个关于整体的浑沌表象出发,经过抽象,达到越来越简单的概念,第二条道路是从这些最简单的概念出发,经过推演,上升到一个具有许多规定和关系的丰富的总体。这就是说,"在第一条道路上,完整的表象蒸发为抽象的规定;在第二条道路上,抽象的规定在思维行程中导致具体的再现"①。马克思认为,思维的行程仅仅止于第一条道路是不能再现生动的总体的,只有从第一条道路的终端回过头来,从那些最简单的思维规定上升到许多规定的综合,才能把客观存在的生动的总体再现出来。并且,马克思《资本论》中的经济范畴的全部推移都是在对资本主义生产关系的分析和综合的相互结合与相互渗透中进行的。第一卷和第二卷以分析资本的生产过程和资本的流通过程为主,但在分析中有综合;第三卷以综合资本主义生产的总过程为主,但在综合中有分析。在从思维抽象上升到思维具体的道路上,分析的目的在于揭示对象的矛盾双方如何相互作用,引起对象自身的运动,综合的目的在于揭示对象的矛盾双方如何得到扬弃,包含到更高的统一体中。所以说,马克思主义的这种方法就是分析与综合的辩证统一。

黑格尔关于理论活动的辩证法的论述在现代自然科学研究中进一步得到了检验。阿·爱因斯坦(A.Einstein 1879—1955)在谈到物理学的研究方法时认为,物理学家必须首先从经验材料的启迪中提出原理,然后从这些原理推导出结论。只要有逻辑推理的训练,第二步工作就一定能够成功,即一定能够从普遍原理一个接一个地推导出结论来;可是第一步工作,即建立一些可供作为演绎的出发点的原理,却具有完全不同的性质,

---

① 马克思:《导言(摘自 1857—1858 年经济学手稿)》,《马克思恩格斯全集》第12 卷,第 751 页。

在这里并没有什么可以学习的和可以系统地用来达到目的的方法,而是直觉起着重大的作用。因此,爱因斯坦认为,"一般地可以这样说:从特殊到一般的道路是直觉性的,而从一般到特殊的道路则是逻辑性的"①。他肯定了理论活动的过程是 E—B—A 与 A—B—E,即从感性具体到思维抽象的道路和从思维抽象到思维具体的道路,但他认为在第一条道路上 E 与 A 没有任何必然的逻辑联系,从经验事实中并不能归纳出普遍原理来,而是必须依靠直觉,抓住某些能用精确公式加以表示的普遍特征,由此探求自然界的普遍原理。这就提出了一个有待深入探讨的巨大课题:在从经验材料到普遍原理的道路上归纳推理能有多大的必然性? 直觉因素究竟起多大作用? 如果说把思维的这个行程完全归结为逻辑性的过程是忽视了心理因素的作用,那么,把这个行程完全解释为直觉性的过程也许是忽视了逻辑因素的作用。

关于分析与综合的结合,伊·彼·巴甫洛夫(И.П.Павлов 1849—1936)写道,"正像分析和综合在化学家的手中成为两种研究未知化学化合物的结构和阐明其一切性能的强有力方法那样,对生理学家来说,神经过程的分析和综合也将开辟一条理解大脑两半球复杂机能结构的最正确道路。这样,从生理学家的观点来看,大脑两半球皮层同时地和不断地既实行分析活动,又实行综合活动;因此,任何人要把这两种活动对立起来,只偏重对其中一种活动的研究,就不会获得真正的成功,获得关于大脑两半球工作的完整概念"②。巴甫洛夫的这个论断指明了理论活动中分析与综合的结合的生理学基础,它与黑格尔的思辨的论述是一致的。不管巴甫洛夫学说的批评者们在现今对大脑两半球皮层的机能了解得多么细致,但只要他们断言这一学说仍然是分析性的,似乎还没有涉及大脑的皮

---

① 《爱因斯坦文集》第 3 卷,商务印书馆 1979 年版,第 490—491 页。
② 《巴甫洛夫全集》第 3 卷,下册,莫斯科 1951 年,第 408 页。

层的整合机能,他们的批评就不能被认为是公允的。

在黑格尔的考察自然的方式的模型中,理论态度或理论活动的最后结果就是回答了"自然界是什么"的问题,现在的课题则是要解决"自然界应该是什么"的问题,或者说,就是要把理论活动所把握到的思维总体作为目的、真理或善加以实现,证实这种主观的东西是真正现实存在着的客观东西,而这样一来,就从理论态度过渡到了实践态度或实践活动。

关于实践态度或实践活动,黑格尔指出,"当理智仅仅致力于如实地把握世界时,意志则与此相反,旨在使世界成为它应该是的那样"①。他认为,在实践活动中,规定和改造世界的意志虽然拥有对于理念创造的客体的虚妄不实性的确信,拥有征服客体的确信,但它作为有限的东西和主观的东西,又与独立的客体处于对立的状态,结果,善的目的就既是得到实现的,也是尚未得到实现的,既被设定为现实的,同时又被设定为单纯可能的,也就是说,意志的实现过程表现为主观逐渐接近客观,但又不能变为客观的单调无限进展过程。在黑格尔看来,这种把"世界是如此"和"世界应如此"对立起来的观点,就是康德的哲学观点。造成这种对立的原因,在于主体停留在意志的有限性里,以为善的目的是单纯主观的,而没有扬弃,目的的主观性。而这个对立的克服则在于意志实现其自身的过程不是单调的无限进展,而是主观形式中的目的向客观形式中的目的的返回,即意志在其结果中向理论活动的前提这个具体的总体的返回。在黑格尔看来,只有这样,从主观到客观的过渡才得以完成。

在实践态度中,黑格尔特别强调了人的理性能够利用工具,否定地对待自然事物,向自然界这位普罗丢斯施加强力,以实现其自身的目的。当然,这个目的不是有限的目的,而是实现真理的目的,把意志变为现实的目的。古代希腊诗人索福克勒斯(纪元前495—406)曾说:

① [德]黑格尔:《小逻辑》,第420页。

世上没有什么比人更能干，

他做什么都不会束手无策。①

　　黑格尔认为，这恰好道出了人的智慧发明过无数征服自然的方式。他说，"理性是有威力的，同样也是有机巧的。理性的机巧一般在于有中介作用的活动，这种活动在让各个客体按照它们固有的本性相互影响和相互磨损，自身并不介入这个过程时，却仍然完全实现了自己的目的"②。

　　黑格尔的意思很明显，那就是从主观到客观的过渡必定是以工具为中介的过程。马克思在《资本论》里援引了黑格尔的这段话，用以支持他自己的下列论点："劳动资料是劳动者置于自己和劳动对象之间、用来把自己的活动传导到劳动对象上去的物或物的综合体。劳动者利用物的机械的、物理的和化学的属性，以便把这些物当作发挥力量的手段，依照自己的目的作用于其他的物"③。马克思根据他那个时代的产业革命的技术成就，把人与自然之间的劳动资料规定为劳动者的自然肢体的延长，其中包括生产的骨骼系统、肌肉系统与脉管系统，说明了人脑中观念地存在的主观东西如何借助这些系统，物化为现实地存在的客观东西。如果我们按照当代的产业革命的技术成就来看从主观到客观的中介过程，我们则可以说，在人与自然之间起中介作用的劳动资料还包括脑的延长，因而也包括生产的神经系统。不仅如此，在从主观到客观的中介过程中还更其明显地出现了许多相互推移和错综复杂的中间环节，诸如应用研究、规划、设计、营造、调节、制作等等。因此，人与自然之间的物质交换、人类征服自然的方式远比黑格尔想象得复杂，而人的理性的机巧也远比黑格尔

---

　　①　［古希腊］索福克勒斯：《安提戈涅》，罗念生译，人民文学出版社 1961 年版，第 16—17 页。

　　②　［德］黑格尔：《小逻辑》，第 394 页。

　　③　《马克思恩格斯全集》第 23 卷，第 203 页。

设想得微妙。

到此为止,黑格尔认为,在人类考察自然的征途上实践活动的终点就与理论活动的起点连接起来了。因此,"理论态度和实践态度的片面性就得到了扬弃,同时两种规定也得到了满足。前一种态度包含着普遍性,而没有包含规定性,后一种态度包含着个别性,而没有包含普遍的东西。概念认识活动是中项,在这一中项里普遍性并不总是我之内的一种此岸,与对象的个别性相对立,而是相反,当这种此岸否定地对待事物并同化事物时,也就于其中找到了个别性,让事物听其自然,自由地在其自身规定自己。因此,概念认识活动是理论态度和实践的统一:个别性的否定作为否定东西的否定,是肯定的普遍性,这种普遍性使各种规定能持续存在,因为真正的个别性同时也是在其自身内的普遍性"①。

黑格尔的这段话写得言简意赅,概括了他关于考察自然的方式的基本论点。首先,在概念认识活动中,理论态度既经历了 E—B—A 的道路,也经历了 A—B—E 的道路,因此,它所达到的结果就不是片面理论态度的那种只包含普遍性而不包含规定性(即特殊性)的东西,而是由普遍、特殊与个别组成的思维总体,所以黑格尔认为,概念认识活动扬弃了片面理论态度的被动性,同时又满足了(或包括了)片面理论态度认识现实存在着的自然界的要求,而真正达到了概念与自然对象的一致。其次,在概念认识活动中,实践态度经历了克服此岸与彼岸的对立的过程,它所达到的结果就像它的出发点一样,都是具体的普遍性,而不是片面实践态度的那种只包含个别性而不包含普遍性的东西,同时在这里它的出发点与它的结果是自相等同的东西。最后,由理论态度与实践态度统一成的概念认识活动是人与自然相互作用的一个圆圈式过程,在这个过程中人们既为自然界的内在本质所吸引,同时又能认识和征服这种本质,而不受这一

---

①　[德]黑格尔:《自然哲学》,第 17—18 页。

异己的东西的排斥,因此,人们不需要进入一种看不到终点的无限进展过程,相反地,"当我们具有思想时,我们就深入到自然的这种内在本质里,同时也就是处在我们自身"①。黑格尔的这个说法当然是从他的思维与存在的同一性理论得出的,但是,如果我们撇开他的概念自己认识自己和概念自己返回自身的唯心主义观点,我们则不难看出,他在这里提出了这样一个可以用图表来解释的考察自然的方式的模型:

马克思主义经典作家已经对黑格尔的这个模型作过许多精辟的分析。如果我们依据现代自然科学的成就来考察黑格尔的这些观点,我们则可以进一步认为:首先,所知系统与能知系统是耦合起来的,形成了一个圆圈式的认识自然和改造自然的过程,这表明了理论活动与实践活动的统一,而那种片面的理论态度则否定了能知系统对所知系统的作用,片面的实践态度否定了所知系统对能知系统的作用,一言以蔽之,两者都把考察自然的圆圈式过程片面地归结为直线式的;其次,理论活动经历了一系列信息解码与编码的阶段,其中的分析运动是信息量减少的趋势,综合运动是信息量增加的趋势,这两种趋势的相互依存与相互渗透就是分析与综合的结合的客观基础;再次,实践活动也经历了克服思维总体与自然事物的对立的各个阶段,其结果就是把作为科学结论的思维总体物化为自然,具体地说,就是建立起人化的自然;最后,无论是从所知系统到能知系统,还是从能知系统到所知系统,都有一个同构异质的关系问题,就是说,在物质存在领域有什么可几状态,在正确反映领域也就有什么可几状

---

① ［德］黑格尔:《自然哲学》,第19页。

态,或者反过来说,在科学反映领域有什么可几状态,在从意识过渡到物质时,在物质存在领域也就会出现什么可几状态。我们可以说,应用现代自然科学成就来研究黑格尔的考察自然的方式的模型,仍然会有助于丰富和发展马克思主义认识论和科学方法论。

第四章　自然系统的划分

黑格尔对自然界所作的划分是他的自然哲学的结构和阐述进程的基础。他根据他那个时代自然科学所能提供的材料和他自己的哲学体系的要求，首先探讨了划分自然的原则，然后又把自然界分为力学系统、物理系统与有机系统这样三个领域。在他那里我们将会看到，无论是确定划分自然系统的原则，还是这一原则的具体应用，既是按照对象的变化进行的，也是旨在实现概念的规定的，就是说，既有符合于辩证发展的方面，也有满足他的唯心主义要求的方面。

第一节　划分自然系统的原则

对于谢林自然哲学中的形式主义，黑格尔是一直反对的。黑格尔指出，谢林在划分自然时采取的"主要形式是康德重新提醒人注意的三重形式，即第一、第二和第三级次的形式。他从物质开始，所以他说，那最初的带直接性的无差别性就是物质，然后由此过渡到进一步的规定。不过，这进程看来大半是一种从外面带来的图式，它缺乏逻辑的东西的内在发展。因此，他给自然哲学特别招致了恶评，因为自然哲学完全是按照外在方式进行论述的,是以一个现成的图式为依据,从而引出其自然观的"①。黑格尔认为,就像在香料店里摆着大批贴有标签的罐子用以盛东西一样,在谢林自然哲学中也有一些从外面带来的图式,用以安排和整理所有天上和地上的自然事物。针对这类划分自然的形式主义做法,黑格尔要求,"人为的系统应该符合于自然的系统,并且只表述自然的系统"②。在他看来,生动的系统在自己的运动过程中就具有自己的逻辑形式,具有自己的必然节奏,因此,根本不需要从外面给自己的内容加上什么主观的、形式的东西。黑格尔摒弃了划分自然的主观主义原则。

当然,黑格尔所坚持的这种划分自然的客观根据不是自然事物本身固有的辩证运动,而是构成自然事物的本质的概念的辩证运动。用黑格尔本人的话来说,"这种划分是从那种在其总体中已被把握的概念的观点出发的,而且标明概念分裂成它的各个规定的过程"③。这一点很重要,它既表明了黑格尔是依据什么观点批评谢林的,也预示着他是如何确定划分自然的原则的,或者说,是如何选择自然哲学划分的道路的。

我们已经知道,黑格尔把概念或理念在自然界中的发展理解为一种向着两个相反方向的流动,认为在这种流动中进化方向 A—B—E 与退化方向 E—B—A 是会合在一起的。在选择自然哲学划分的道路时,黑格尔就是把这样一种流动作为依据。他写道,"概念正在于它可以把自己的各个环节展示出来,并把自身分解为各个不同的东西,又可以使这些如此显得独立的阶段回到它们的统一性和观念性,回到概念本身,这样概念事实上才使自身成为具体概念,成为理念和真理。因此,这里似乎就既提供了自然哲学划分的两条道路,也提供了科学阐述进程的两条道路"④。那

---

① 　[德]黑格尔:《哲学史讲演录》第 4 卷,第 363 页。
② 　[德]黑格尔:《精神现象学》上卷,第 165 页。
③ 　[德]黑格尔:《自然哲学》,第 35—36 页。
④ 　[德]黑格尔:《自然哲学》,第 36 页。

么,这两条道路是什么呢? 它们对于划分自然界和构筑自然哲学在哪些方面可取,在哪些方面又不可取呢?

黑格尔认为,"一条道路应该从构成自然界里的生命的具体概念开始,考察这种自为的生命,从这里出发引向生命的各种表现,而以生命的完全衰亡告终。生命把自己的这些表现作为独立的自然领域从自身内投射出来,把它们作为自己的现实存在的另一类方式,但因此也就是作为更抽象的方式,和它们发生关系"①。这条道路可以和退化观或流射观想象的行程相比,就是说,是在自然系统的划分和自然哲学的阐述中遵循着由繁到简、由高级到低级的原则,由最复杂的生命系统开始,进展到最简单的力学系统。

这条道路有它的可取之处。他说,"从较完善到较不完善的历程是比较有好处的,因为这样一来,人们就会考虑到完善的有机体的原型;为了理解已经衰落的有机组织,就必须在观念中有这种原型的形象。在衰落的有机组织中表现为附属物的东西,例如那些毫无机能的器官,只有通过高级的有机组织,才能认识清楚,在高级的有机组织中,我们可以认识到这类附属物占据何种地位"②。而且在谈到研究动物的发展过程时,他更具体地指出,"为了理解低级阶段,我们就必须认识发达的有机体,因为发达的有机体是不发达的有机体的尺度和原型。由于发达的有机体内的一切都已达到其发达的活动水平,所以很清楚,只有根据这种有机体才能认识不发达的东西。纤毛虫不能当作基础,因为在这种模糊的生命中有机体的各种萌芽还很微弱,以致只有根据较发达的动物生命才能理解它们"③。这就是说,黑格尔认为,在研究自然事物发展的各个形态时,如果走退化观的道路,首先从最高级、最复杂的形态着手,则便于阐明以前

---

① ［德］黑格尔:《自然哲学》,第 36 页。
② ［德］黑格尔:《自然哲学》,第 31 页。
③ ［德］黑格尔:《自然哲学》,第 581 页。

的各个不甚发达的形态。

但是，黑格尔认为，在划分自然事物发展的各个形态时，不应该走退化观的道路，也就是说，在划分自然系统时不应该把由繁到简、由高级到低级的原则作为依据。这是因为，如果从最完善的生命系统开始，来划分自然界，那么，这种系统就不只需要存在于表象中，而且也必须是现实存在着的。但这是不可能的，因为现实存在着的最完善的生命系统是自然理念发展的最高阶段，要达到这样一个阶段，自然界中的理念必须经过长期的自己规定自己、自己实现自己的过程，而这正是自然哲学所要研究的课题。所以，黑格尔指出，在自然哲学中"既然重要的在于实现概念的规定，所以我们必须从最抽象的东西，而不是从真实的领域开始"①。这样，黑格尔就把由简到繁、由低级到高级的道路确定为划分自然的原则，因而也就把它确定为自然哲学的结构与阐述进程的原则。

这条道路与前一条道路相反，可以和进化观假定的行程相比。关于这一点，黑格尔写道，"这条道路从最初仅仅直接的、包含着概念的方式开始，从概念的最终的己外存在开始，而以概念的真正定在、以完全展现概念的真理告终"②。所谓概念的最终的己外存在就是存在于彼此外在的状态的自然理念，就是最简单的力学系统，所谓完全展现概念的真理就是存在于主观性的状态的自然理念，就是最复杂的生命系统。所以，作为黑格尔划分自然的原则的进化观道路就是从不完全展现理念的机械东西到完全展现理念的有机东西的发展过程，而这个发展过程在客观唯心主义者黑格尔看来并不是以自然的方式进行的，而是在理念之内并且在理念的支配之下进行的。黑格尔把进化观假定的行程解释为概念的分化过程，认为这个过程有各种性质不同的阶段，并在这种意义上谈到，"动物

---

① ［德］黑格尔：《自然哲学》，第37页。
② ［德］黑格尔：《自然哲学》，第36页。

自然界是植物自然界的真理,植物自然界是矿物自然界的真理,地球是太阳系的真理。在一个系统里最抽象的东西是最初的东西,每个领域的真实东西都是最后的东西,而这个最后的东西也只是一个更高阶段的最初的东西"①。

在把由简到繁、由低级到高级的原则确定为划分自然系统的根据,用经验方式考察自然界的发展时,黑格尔看到,这里充满无穷的偶然性和无序状态,它们并不能由概念自己规定自己的踪迹所穷尽。具体地说,这里出现了两类令人诧异的情况:一为中间的形成物,它究竟属于概念的分化所造成的哪个阶段,我们的回答决不能采取非此即彼的方式,而必须采取亦此亦彼的方式;一为畸形的产物,它究竟属于概念的实现所形成的哪个类属,看来十分模糊,甚至不可置信。为了解释这个问题,黑格尔认为,自然界发展的感性存在方式之所以不完全符合于概念发展的逻辑形式,是由于自然界仅仅是抽象地保持概念的规定,而将特殊的东西的实现委诸外在的可规定性。他写道,"从经验考察找出切合纲目的固定区别之所以困难,在许多领域还不可能,其原因就在于自然界没有能力在概念的实现中牢固保持概念。自然界到处通过中间的和不完全的形成物把本质界限混淆起来,这些形成物总是给任何固定的区分带来一些相反的例证,甚至在一些特定类属(例如人类)之内,由于有畸形的产物,也发生这种情况"②。在这里,黑格尔一方面抬高理念的地位,认为自然界没有能力在概念的实现中牢固保持丰富的概念,另一方面在确凿的经验事实面前,也不得不承认在自然界发展的进化途径上没有什么固定的界限,从而揭示了自然事物的不断变化过程。

对于黑格尔在确定划分自然的原则时所提出的这些论点,马克思主

①　[德]黑格尔:《自然哲学》,第30页。
②　[德]黑格尔:《自然哲学》,第33页。

义经典作家曾经给予了公允的评论,并批判地吸收了他的思想。这可以
从下列三个方面来说。第一,马克思对各种社会经济形态的研究就是按
照退化观的行程进行的。他说,"资产阶级社会是历史上最发达的和最
复杂的生产组织。因此,那些表现它的各种关系的范畴以及对于它的结
构的理解,同时也能使我们透视一切已经覆灭的社会形式的结构和生产
关系。资产阶级社会借这些社会形式的残片和因素建立起来,其中一部
分是还未克服的遗物,继续在这里存留着,一部分原来只是征兆的东西,
发展到具有充分意义,等等。人体解剖对于猴体解剖是一把钥匙。低等
动物身上表露的高等动物的征兆,反而只有在高等动物本身已被认识之
后才能理解。因此,资产阶级经济为古代经济等等提供了钥匙"①。在这
方面,马克思对于黑格尔的批判的继承关系是很明显的。第二,恩格斯对
自然界的运动形式的划分是按照进化观的行程进行的,从作为抽象东西
的机械运动开始,上升到作为具体东西的活蛋白质。他说,"运动,就最
一般的意义来说,就它被理解为存在的方式、被理解为物质的固有属性来
说,它包括宇宙中发生的一切变化和过程,从单纯的位置移动起直到思
维。研究运动的性质,当然应当从这种运动的最低级、最简单的形式开
始,先理解了这些最低级的最简单的形式,然后才能对更高级的和更复杂
的形式有所阐明"②。在这方面,恩格斯对于黑格尔的批判的继承关系同
样也是很明显的。第三,恩格斯用唯物主义的观点解释了进化观道路上
一个发展阶段向另一个发展阶段的过渡,指出绝对分明和固定不变的界
限是和辩证法不相容的:"一切差异都在中间阶段融合,一切对立都经过
中间环节而相互过渡","辩证法不知道什么绝对分明的和固定不变的界
限,不知道什么无条件的普遍有效的'非此即彼!',它使固定的形而上学

---

① 马克思:《导言(摘自 1857—1858 年经济学手稿)》,《马克思恩格斯全集》第
12 卷,第 755—756 页。

② 恩格斯:《自然辩证法》,《马克思恩格斯全集》第 20 卷,第 408 页。

的差异相互过渡,除了'非此即彼!',又在适当的地方承认'亦此亦彼!',并且使对立互为中介"①。

第二节　力学系统、物理系统和有机系统

在黑格尔运用由简单到复杂、由低级到高级、由不完善到完善的原则来划分自然系统时,他提出并坚持了两类标准。一类标准取决于他的唯心主义体系,那就是要在自然系统的划分中体现概念自己规定自己、自己实现自己的过程,说明各种自然形态仅仅是概念的形态。另一类标准取决于他的辩证法,那就是要在自然系统的划分中表现物质系统在其属性、功能与组织方面的进化过程,揭示各种自然形态有一个发展阶序。这两类具体标准虽然在黑格尔的阐述中往往结合在一起,但还是可以区别开的。

关于第一类标准,黑格尔谈到,概念进行合乎目标的发展,"这种发展必须理解为一种实现概念自在地所是的东西的活动,概念内容的这些规定将达到现实存在,被显示出来,但同时又不是独立不倚的规定,而是一些仍在概念统一性之内的环节,是一些观念的、即被设定的环节"②。具体地说,在黑格尔看来,概念的实现分为力学东西、物理东西和有机东西这样三个部分、阶段、领域或系统。在第一个部分中,概念是以直接的方式现成地存在的;概念的各个规定还是彼此外在的,所以区别就是一种漠不相干的区别,或者说,仅仅是量的区别,而不是质的区别,而物质作为

① 恩格斯:《自然辩证法》,《马克思恩格斯全集》第 20 卷,第 554 页。
② ［德］黑格尔:《自然哲学》,第 34 页。

单纯的质量是没有形式的。在第二部分中,概念是隐蔽的;概念的各个规定获得了物质性,物质在其自身区别自己,在其自身规定自己,因而是各个规定的相互映现,并且作为在自身得到映现的规定发展出形式,而物质的质属于物质实体,物质只有通过其质,才成其为物质。在第三部分中,概念是现实的;概念的各个规定已经发展为主观性的规定,概念是变得明显的、展示出来的概念,而作为现实存在的生命物质是符合于概念的。可以看出,黑格尔按照第一类标准所作的三个自然领域的划分完全是他的思辨逻辑中的存在论范畴、本质论范畴和概念论范畴的具体应用,他的公式主义在这里表现得特别明显。

然而,使我们感到兴趣的是他在作这样的划分时按照辩证发展的标准所作的论述。这些论述不管带有多少臆想的性质,不管现在看来有多少知识上的错误,却给我们提供了一幅由无生命系统演化到生命系统的生动画面。首先,黑格尔就力学系统作了这样的描绘:第一,这种系统的物质是最抽象的东西,是彼此外在的状态,完全个别化了的东西。他说,"物质是作为空间的抽象的彼此外在状态。物质作为彼此外在状态的抽象自为存在,作为能作抵抗的东西,是完全个别化了的,全然原子式的"①。第二,作为力学系统的环节的物质,只具有排斥和吸引之类的力学作用。他说,"这种抽象的自为存在是有排斥作用的,因而是一种复多性。这种复多性在作为自为存在着的复多,总括为普遍的自为存在时,就既在自身之内,同时又在自身之外获得了自己的统一性,这就是引力"②。但是,第三,作为力学系统的普遍的、自相关联的秩序,这种统一性并不是稳定的,倒不如说,"物质的统一性仅仅是物质所寻求的位置的统一性,而不是具体的统一性,不是自我;这就是这个领域的本性"③。因此,黑格

① [德]黑格尔:《自然哲学》,第 376 页。
② [德]黑格尔:《自然哲学》,第 37 页。
③ [德]黑格尔:《自然哲学》,第 111 页。

尔认为,力学系统的各个环节都是在自身之外寻求自己的中心,它们单靠外在的方式还不能联结为一种个体性的系统。

其次,在黑格尔的自然哲学中,所谓个体性是指一个系统在自身有其中心,而在太阳系这个物质系统中,太阳是绝对的中心物体,月亮与彗星是自身无中心的附属物体,行星是相对的中心物体,因此,太阳系作为自己运动的系统已经不再是抽象的自为存在,而是自己规定自己的自为存在,已经不再在自身之外寻求中心,而是在自身之内就有其中心,所以,作为引力中心的形式规定就构成了太阳系的物质的本质。关于这个从力学系统转化而来的物理系统,黑格尔写道,"物质只要在其自身中具有自为存在,以致自为存在在物质里得到发展,从而物质在其自身中得到规定,就具有个体性。物质以这种方式挣脱引力,在其自身规定自己时显现自身,并且通过其内在的形式,面对着引力,由自身规定空间的东西,而在以前,则是引力作为一种与物质对立的他物,作为仅仅被物质寻求的中心,具有这样的规定活动"①。这样,作为物理系统的太阳系就以自己固有的内在形式,把自己的各个环节结合为一个在内部有本质联系的总体。

黑格尔所说的物理系统,范围十分广阔。从气、火、水、土组成的普遍个体性系统,到比重、内聚性、声音、热组成的特殊个体性系统,再到磁、电、颜色和化学过程组成的总体个体性系统,都属于物理系统。它们的具体内容,我们将在本书第六章加以论述。现在,我们可以从纵的方面指出:第一,在物理系统中"物质是业已有质的物质"②,即具有物理性状的物质,这种物质最初是普遍性的物理元素,后来是个体化的特殊物体,最后是变为总体的物理物体。第二,作为物理系统的各个环节的物质,表现出更加复杂的作用过程,诸如物理元素的相互转化、物理物体的协合与瓦

---

① ［德］黑格尔:《自然哲学》,第113页。
② ［德］黑格尔:《自然哲学》,第111页。

解、化学物质的化合与分解。第三，物理系统的各个环节已经在本质上组织到一起，相对于力学系统而言，达到了比较稳定的统一性。黑格尔用寓于物理对象的概念解释了这种统一性，他说物理物体"在内部具有一种隐蔽的、安静的几何学家，他作为完全彻底的形式，对外和对内组织物体。这种对内和对外的限定活动对于个体性是必然的"①。

最后，黑格尔论述了物理系统向生命系统的过渡以及生命系统的特点。他认为，"化学过程是无机自然界所能达到的顶峰"②，"在化学过程中有一种生命力的外貌"③。这是因为，作为最发达的物理系统的化学过程一方面把自身之外的直接前提加以否定，设定到自身之内，另一方面又把这样设定的东西加以否定，降低为自身之外的直接条件，因而与生命的新陈代谢十分貌似。但是，黑格尔认为，化学过程与生命过程却有原则性的区别，生命系统之所以能形成，就是由于克服了这种区别。他说，在化学现象中，"过程的开端与终结是彼此不同的，这就构成过程的有限性，它使过程达不到生命，有别于生命"④。当自然科学还没有在生命起源问题上取得进展的时候，概念的辩证法帮助黑格尔实现了从化学过程到生命的过渡。在他看来，生命在化学过程里就已经潜在地存在着，当理念突破了无机自然界的外壳时，"个体性把自己规定为特殊性或有限性，而又否定这种有限性，并向自身回归，在过程的终点使自己恢复为开端"⑤，这样，自然理念就达到了生命。

关于生命系统的特点，黑格尔作过这样的论述：第一，作为生命系统的有机体最初是自身异化了的生命，因而也就是生命的无机自然界，然后

---

① ［德］黑格尔：《自然哲学》，第 219 页。
② ［德］黑格尔：《自然哲学》，第 374 页。
③ ［德］黑格尔：《自然哲学》，第 371 页。
④ ［德］黑格尔：《自然哲学》，第 370 页。
⑤ ［德］黑格尔：《自然哲学》，第 375 页。

才是具有比较真纯的生命力的特殊总体,最后是具有真实的生命力的具体总体;换句话说,生命系统的物质是生命过程的尸骸和有生命的东西,而不同于力学系统或物理系统的物质。第二,生命系统的各个环节已经有机地结合为自我性的总体,它不像物理系统那样在无机自然界面前总是趋于瓦解,而是作为过程能够保持自身的统一性。他说,"有生命的物体总是准备向化学过程转化,氧、氢和盐类总是想显露出来,但又总是被扬弃,只有在死亡或疾病中化学过程才能使自己占优势。有生命的东西总是使自己濒于险境,在自身总是有一他物,但又能忍受这一矛盾,这是无机的东西所不能做到的。但生命同时也是这一矛盾的解决"①。第三,生命系统的过程是三个过程的有机统一。一个过程是形态形成过程,在这个过程中生物自己创造自己,使自己的环节逐渐分化,功能逐渐复杂,形成一种由各个分化了的环节组成的整体。一个过程是新陈代谢过程,在这个过程中生物与外在东西相互作用,使它与自己同一。最后一个过程是类属过程,即生物个体生死更迭,类属得以延续的活动。生命系统越高级,这些过程就发展得越充分。"人作为生命力最完善的有机体,则是最高的发展阶段"②。

黑格尔的这个划分自然系统的标准强调的是物质系统在其属性、功能和组织方面的不断完善。他的这种划分不仅像恩格斯肯定的那样,"在当时是完备的"③,而且就现代自然科学水平来说,也是饶有趣味的。现代自然科学已经表明,自然界中的系统可以按照其组织程度的增长而划分为不稳定的和稳定的。稳定系统能够面对外部干扰,维持自己的内部状态,不稳定系统则不能克服外部干扰,以至趋于瓦解或发生质变。稳定系统还可以按照其组织程度的增长而划分为不同的种类。最低级的稳

---

① [德]黑格尔:《自然哲学》,第 376—377 页。
② [德]黑格尔:《自然哲学》,第 377 页。
③ 《马克思恩格斯全集》第 20 卷,第 593 页。

定系统是简单调节系统,它一般只能面对一个特定类型的干扰,维持自己的稳定性。高一级的是超稳系统,它能进一步克服不同类型的干扰,因为它拥有多种行为方式,可以通过一个特定参数值的变化,完成从一种行为方式到另一种行为方式的过渡。更高一级的是多稳系统,它由许多超稳子系统组成,能够在适应环境变迁时,只借助于一个相对独立的子系统去完成这种适应,而母系统不必与其他一切子系统共同工作。最高级的是学习系统,它拥有反映外部世界的内部模型,能够作出种种试验,用自身的内部模型对环境的影响作出反应,并不断完善这种内部模型。不管现代自然科学对自然系统的划分今后会改进到什么地步,它所体现的原则与黑格尔划分自然的辩证法原则将仍然是一致的,即"完善性在于组织的和谐①"。但是,我们也应该同时指出,黑格尔在贯彻这条原则时采取了单向直线上升的方式,按照这种方式,不仅在无机自然界里没有发生自然系统的分化,而且在有机自然界里也是先出现植物有机体,然后才出现动物有机体,自然系统的演化完全是沿着等级阶梯上升的。这种观点否认自然系统演化中的分蘖现象和横向发展以及由此造成的错综复杂局面,显然是一种不符合于现代科学所揭示的真实进程的陈腐观点。

在黑格尔的这种划分中,概念的实现是系统发展的基础。每个系统都在其发展阶段的特定范围内反映整个概念;它的完善程度可以由它反映整个概念的程度来衡量。与直接存在的概念、隐蔽存在的概念与现实存在的概念相对应的,是外在性的物质系统、个体性的物质系统与主观性的物质系统。"每一阶段都是一个独特的自然领域,它们都显得是独立存在着的,但最后的阶段则是所有先前的阶段的具体统一②"。正是基于这样的认识,黑格尔提出"对于任何物体都要按照其特殊范围加以处

---

① ［德］黑格尔:《自然哲学》,第581页。
② ［德］黑格尔:《自然哲学》,第38页。

理"①的方法,并且正确地批评了还原论。在物理学领域里,他批评了那种把物理系统归结为力学系统的机械论,认为机械论把力学关系作了不合理的推广,抹煞了物理物体的特性。他指出,"在形态和一般个体性的形式中主要是应该去掉关于外在机械方式和组合的观念。用各个部分的外在分割和外在连接来帮助理解形态的规定性,是毫无用处的"②。在有机学领域里,他批判了那种把生命系统归结为原子组合的化学论,认为生物的同化和异化、组织和功能都不能用化学论完全解释清楚。他指出,"用化学方法处理植物或动物,并不能穷尽不同物体的本性"③。但是,黑格尔在正确地批评还原论时,却往往把高级系统的属性、功能或组织强加到某些业已研究清楚或暂时尚未研究清楚的低级系统上,或者说,把这些低级系统人为地提高为高级系统。例如,他说"月亮是没有水分的晶体,它仿佛试图与我们的海洋结为一体,以解除其僵硬的物体的干渴,因而引起了涨潮与落潮"④。又如,他认为在电的作用中"我们看到的,正是物体固有的愤怒情绪,正是物体固有的激昂情绪","物体的少年盛气突然爆发出来,它凭靠后肢腾空跃起"⑤。黑格尔错误地作出这类拟人论的解释,是与他的唯心主义的有机论分不开的。

关于低级物质系统与高级物质系统的关系,恩格斯已经在批判地继承黑格尔的基础上证明,从一种运动形式转变到另一种运动形式总是一种飞跃,一种决定性的转折,而在这种转折中,高级运动形式既超越了低级运动形式,又把低级运动形式包含在自身之内,因为低级运动形式本身就包含着发展为高级运动形式的萌芽。20世纪以来,研究无机界的运动

① ［德］黑格尔:《自然哲学》,第156页。
② ［德］黑格尔:《自然哲学》,第218页。
③ ［德］黑格尔:《自然哲学》,第156页。
④ ［德］黑格尔:《自然哲学》,第136页。
⑤ ［德］黑格尔:《自然哲学》,第310页。

形式的物理科学达到了高度的发展,给人们从分子水平上有效地阐明各种显示生命过程的物理化学机制作出了巨大贡献。在这种情况下,还原论与整体论就在物理化学过程与生物过程的关系问题上长期进行着争论。还原论主张,生命过程无非是物理化学过程,整体论则认为,单靠生物内部分子的物理化学结构并不能说明生物的所有属性与整体结构。马克思主义哲学家对这个问题进行了全面研讨。例如,勃·米·凯德洛夫(Б.М.Кедров 1903—1985)认为,"既然生命本身是复杂的综合的过程,那就只有通过阐明生命怎样起源于产生它的更简单的运动形式,才能揭示它的本质。这种发生学方面的还原论不仅是允许的,而且简直是必要的。但在另一种意义上,当把还原论作了不正确的解释,即完全否定高级运动形式在质上的特殊性,而把这种运动形式完全消解为低级运动形式时,还原论则是不能允许的"①。当然,这个问题的解决尚有待于自然科学家的长期辛勤劳动和勇敢探索。但是,如果我们回想到恩格斯说过,"生理学当然是有生命的物体的物理学,特别是它的化学,但同时它又不再专门是化学,因为一方面它的活动范围被限制了,另一方面它在这里又升到了更高的阶段"②,并且进一步回想到黑格尔曾经认为,生命过程包含了化学过程,"生命是一种不断造成的化学过程"③,"然而事情一般不能归结为这种化学的特定存在,因为那样一来有机生命也许早就灭绝了"④,那么,我们就应该指出,他们的这些论点对于进一步研究物理化学过程与有机生命过程的关系将依然是闪烁着真理光辉的哲学向导。

---

① [俄]阿姆巴楚米扬、凯德洛夫等:《各种自然科学方法在认识生命中的相互作用》,莫斯科 1976 年,第 7 页。
② 《马克思恩格斯全集》第 20 卷,第 600 页。
③ [德]黑格尔:《自然哲学》,第 371 页。
④ [德]黑格尔:《自然哲学》,第 471 页。

第五章　力学中的哲学问题

黑格尔的《自然哲学》第一篇论述了力学中的哲学问题。按照他的哲学体系的结构,力学领域是理念外化为自然的第一个自身完整的领域。在这个领域里,表现理念的东西首先是完全抽象的相互外在的东西,即空间和时间;其次是个体化的相互外在东西及其在抽象状态中的联系,即物质与运动的外在联系;最后,是物质与运动的绝对统一,即自身运动的物质。不管黑格尔在力学领域里所作的逻辑推演多么牵强附会,对我们来说重要的是他论述了空间与时间、物质与运动以及作为引力系统的太阳系这样三个问题。

第一节　空间和时间

黑格尔认为,在力学领域里完全抽象的相互外在的东西就是包含着理念的己外存在,这种己外存在直接分裂为两个形式:一个形式是肯定的形式,它是空间;另一个形式是否定的形式,它是时间。空间之所以是己外存在的肯定形式,是因为在空间中一切事物仍然持续存在,甚至界限都具有持续存在的方式;时间之所以是己外存在的否定形式,是因为在时间中各个漠不相干的持续存在自己扬弃自己,而时间正是这种持续不断的自我扬弃的存在。这就是说,空间是相互外在的东西的持续存在,时间是相互外在的东西的不断变易。

黑格尔关于空间和时间所作的论述,首先在于确定空间和时间的本性。就空间的本性而言,他明确地提出,空间本身究竟是实在的,还只是事物的属性,这在过去是形而上学的一个首要问题。牛顿曾经主张,"绝对空间就其本性而言,是与外界任何事物无关,而永远相同的和不动的"①。针对牛顿的这种把空间与物质割裂开的观点,黑格尔写道,有人以为空间"必然像一个箱子,即使其中一无所有,它也仍然不失为某种独立的特殊东西。可是,空间是绝对柔软的,完全不能作出什么抵抗";"人们决不能指出任何空间是独立不依地存在的空间,相反地,空间总是充实的空间,决不能和充实于其中的东西分离开";"相对空间是某种更高的东西,因为它是任何一个物体的特定空间"②。莱布尼茨曾经主张,空间"是一种关系,一种秩序,不仅是在现存事物之间的,而且也是在可能存在的东西之间的〈关系或秩序〉"③。对于莱布尼茨的这种空间观,黑格尔认为,"确实可以说,空间是一种秩序,因为它当然是一种外在的规定性;但是,它却不仅是一种外在规定性,而是外在性自身"④。在这里,他坚持空间是己外存在的形式,而不认为空间作为秩序是不依赖于事物存在的。

关于时间的本性,黑格尔同样明确地提出,作为己外存在的否定性形式,"时间是那种存在的时候不存在、不存在的时候存在的存在,是被直

---

① 《牛顿自然哲学著作选》,H.S.塞耶编,上海人民出版社 1974 年版,第 19—20 页。

② [德]黑格尔:《自然哲学》,第 41—42 页。

③ [德]莱布尼茨:《人类理智新论》上册,陈修斋译,商务印书馆 1982 年版,第 130—131 页。

④ [德]黑格尔:《自然哲学》,第 42 页。

观的变易"①。他说明，一切事物并不是在时间中产生和消逝的，反之，时间本身就是这种变易，即产生和消逝。牛顿曾经主张，"绝对的、真正的和数学的时间自身在流逝着，而且由于其本性而均匀地、与任何其他外界事物无关地流逝着"②。针对牛顿的这种把时间与物质的运动变化过程割裂开的观点，黑格尔写道，"时间并不像一个容器，它犹如流逝的江河，一切东西都被置于其中，席卷而去。时间仅仅是这种毁灭活动的抽象。事物之所以存在于时间中，是因为它们是有限的；它们之所以消逝，并不是因为它们存在于时间中；反之，事物本身就是时间性的东西，这样的存在就是它们的客观规定性。所以，正是现实事物本身的历程构成时间"③。莱布尼茨曾经主张，"时间是一种齐一和单纯的连续体，就像一条直线一样"，"在这意义之下，时间是运动的量度，这就是说，齐一的运动是非齐一的运动的量度"④。对于莱布尼茨的这些观点，黑格尔虽然没有直接发表评述，但把时间规定为运动的量度却是接近于把时间规定为事物的历程的。

在空间和时间的本性问题上，黑格尔不仅批评了牛顿，按照自己的意思支持了莱布尼茨，而且分析批判了康德的观点。康德认为，"时间与空间，合而言之，是一切感性直观的纯粹形式"⑤。康德这种观点中的主观唯心论成分，黑格尔认为是要不得的。他用讥讽的口吻写道："康德是这样来看这件事的：在外面有所谓物自体，却没有时间和空间；现在出现了意识，这意识在自身原先就具有时间和空间，作为经验的可能性。这正如说，为了吃饭，我们首先须有口和牙齿作为吃饭的条件。那被吃的东西却

① ［德］黑格尔：《自然哲学》，第47页。
② 《牛顿自然哲学著作选》，第19页。
③ ［德］黑格尔：《自然哲学》，第49页。
④ ［德］莱布尼茨：《人类理智新论》上册，第134页。
⑤ ［德］康德：《纯粹理性批判》，蓝公武译，商务印书馆1982年版，第60页。

没有口和牙齿,所以空间和时间对于事物的关系也正如吃对于食物的关系一样。正如食物被放进口齿之中,事物也被放进时间和空间之中"①。但是,黑格尔同时也看到了康德观点中包含的合理成分,所以他说,"如果我们撇开康德概念中属于主观唯心论及其规定的东西,那么剩下的正确规定就在于认为空间是一种单纯的形式,即一种抽象,而且是直接外在性的抽象"②,并且"时间如同空间一样,也是感性或直观的纯粹形式"③。

　　这里所谓的单纯形式或纯粹形式,有两层意思。一层意思是在本体论的意义上说的,即空间与时间是己外存在的形式,或者像在评述柏拉图自然哲学时说的,空间与时间"两者都是精神的客观形式","它们是精神表现为客观存在的直接形式"④。另一层意思是在认识论的意义上说的,即空间和时间是"非感性的感性与感性的非感性"⑤。黑格尔的这个结论是从批判康德中得出来的。康德认识论的根本特点在于经验成分与先天成分、个别性与普遍性的分离,在感性活动中,作为感性材料的经验成分、个别性是从外面来的,作为空间和时间的先天成分、普遍性则是意识在自身原先就有的,我们把那些感性材料放在空间内,作为分离的、彼此并列的东西,并把它们放在时间内,作为流动的、先后相继的东西。与此相反,黑格尔认为,空间和时间虽然是普遍的东西,但不能由此得出结论说它们原先就存在于意识里。"它们虽然是基础,但同样是外在的普遍东西"⑥。空间和时间作为我们认识的对象,是

————————

① [德]黑格尔:《哲学史讲演录》第4卷,第265页。
② [德]黑格尔:《自然哲学》,第40页。
③ [德]黑格尔:《自然哲学》,第47页。
④ [德]黑格尔:《哲学史讲演录》第2卷,王太庆等译,三联书店1957年版,第237页。
⑤ [德]黑格尔:《自然哲学》,第42、47页。
⑥ [德]黑格尔:《哲学史讲演录》第4卷,第265页。

普遍性与个别性、非感性东西与感性东西的结合。在经验科学中最初呈现的是对空间和时间的经验直观,然后人们才达到对它们的知性思维。在经验直观中我们把握到的空间和时间是彼此并列和先后相继的东西,即非感性的感性;然后我们把这些彼此并列或先后相继的东西加以抽象,达到对它们的知性思维,就是说,这时得到的"空间和时间是感性事物本身的普遍东西"①,即感性的非感性。黑格尔这个结论中的合理思想已经为恩格斯所接受。当卡·威·耐格里(K.W.Nägeli 1817—1891)断言他们知道什么是一小时或一米,但不知道什么是时间和空间时,恩格斯指出,"这是老生常谈。先从可以感觉到的事物造成抽象,然后又希望从感觉上去认识这些抽象的东西,希望看到时间,嗅到空间。经验论者深深地陷入了体会经验的习惯之中,甚至在研究抽象的东西的时候,还以为自己是在感性认识的领域内"。"物质的这两种存在形式离开了物质,当然都是无,都是只在我们头脑中存在的空洞的观念、抽象"。因此,当耐格里说人们不知道什么是时间、空间的时候,"他只是说:我们先用我们的头脑从现实世界作出抽象,然后却不能认识我们自己作出的这些抽象,因为它们是可以意识到的事物,而不是可以感觉到的事物,但是一切认识都是感性上的测度!"②

其次,黑格尔关于空间和时间所作的论述在于按照它们各自的特性推演它们的相互过渡。他的推演是这样进行的:第一,空间作为己外存在的肯定形式,构成彼此外在的东西,这些东西没有任何确定的差别。这就意味着,在这种最初的相互外在的东西中,空间的维度长、宽、高事实上没有什么差别,各地的"此处"都是完全相同的。但是,当表现为空间维度的概念差别由潜在发展为自为时,空间维度规定的点就是空间的否定,然

---

① [德]黑格尔:《哲学史讲演录》第 4 卷,第 264 页。
② 恩格斯:《自然辩证法》,《马克思恩格斯全集》第 20 卷,第 578—579 页。

后,点扬弃自身,过渡到线,线扬弃自身,过渡到面,面既可以是一般的平面,也可以是封闭的面,即在自身包含着否定环节的空间性总体。这样,空间的各个环节就不再是寂然不动的彼此并列的东西,而是自我扬弃的先后相续的存在。所以,黑格尔宣称,"从〔无差别的〕空间中产生了差别,这就意味着空间不再是这种无差别性,空间在其整个非静止状态中是自为的,不再是无能为力、停滞不动的。这种纯量,作为自为存在着的差别,就是潜在地否定的东西,即时间";"空间的真理性是时间,因此,空间就变为时间"①。

第二,时间作为己外存在的否定形式,构成不断自我扬弃的存在,它是那种存在的时候不存在、不存在的时候存在的存在,因此,它就具有现在、将来和过去这样三个维度。时间性总体的这些环节的每一个都是存在和无的统一。作为此刻的现在是从其存在到无和从无到其存在的消逝,为此刻所代替的存在的非存在是过去,包含在现在中的非存在的存在是将来。具体的现在是过去的结果,并且孕育着未来。从时间的肯定意义上说,只有现在存在,这之前和这之后都不存在。结果,原来以否定的形式彼此相继的环节转化成为以肯定的形式彼此并列的环节,转化成为没有差别的彼此外在的环节。于是,黑格尔又宣称,"因为时间的各个结合为统一体的对立环节直接扬弃了它们自身,所以时间就是直接消融于无差别性,消融于无差别的彼此外在性或空间"②。而这就是时间向空间的过渡。

黑格尔在作这样的推演时声明,"并不是我们很主观地过渡到时间,而是空间本身过渡到时间"③,并且"时间的过去和将来,当它们成为自然

---

① 〔德〕黑格尔:《自然哲学》,第47页。
② 〔德〕黑格尔:《自然哲学》,第55页。
③ 〔德〕黑格尔:《自然哲学》,第47页。

界中的存在时,就是空间,因为空间是被否定的时间"①。其实,这种推演并不像他自夸的那样,是什么客观的过渡,而是完全主观地进行的,因而也是不可取的。但具有十分重要的意义的是他要由空间与时间的相互过渡证明空间与时间的直接统一。他认为,由时间转化成的无差别的彼此外在性是一个持久的点,它既是一个作为普遍东西而存在过的此处,又是一个直接扬弃了自身的此刻,因此,作为空间的此处与作为时间的此刻就直接得到了统一。他说,"空间与时间的这种直接的统一已经是它们存在的根据;因为空间的否定东西是时间,而时间的否定东西或差别的存在则是空间"②。在这里,黑格尔以他那天才的思辨能力,批评了以往欧洲哲学与自然科学发展史上把空间与时间割裂开的观点,提出了关于空间与时间的统一的崭新论点。他很有风趣地写道,"一般的表象以为空间与时间是完全分离的,说我们有空间而且也有时间;哲学就是要向这个'也'字作斗争"③。

最后,黑格尔关于空间和时间所作的论述在于揭示空间与时间的本质就是运动。在他看来,空间之消融于时间和时间之消融于空间、时间在空间中的自我再生和空间在时间中的自我再生是一个过程,这个过程就是运动。他说,"运动的本质是成为空间与时间的直接统一;运动是通过空间而现实存在的时间,或者说,是通过时间才被真正区分的空间。因此,我们认识到空间与时间从属于运动"④。在运动过程中,一个作为此处与此刻、空间与时间的直接统一的位置,既通过时间把自身设定为被扬弃的位置、此刻的位置与要占据的位置,又通过空间把自身设定为以前、此刻和以后,但同时既扬弃了这三个空间位置的区分,又扬弃了这三个时

①　[德]黑格尔:《自然哲学》,第 52 页。
②　[德]黑格尔:《自然哲学》,第 55 页。
③　[德]黑格尔:《自然哲学》,第 47 页。
④　[德]黑格尔:《自然哲学》,第 58 页。

间维度的区分。他认为，"运动作为概念、作为思想来说，表现为否定性和不间断性的统一；但在空间和时间里，不间断性和点截性都不能单独地当作本质"①。他用这个观点批评了芝诺否认运动的证明，指出在"二分法"和"阿奚里追龟"中没有绝对的限制，也没有被限制的空间，而是绝对的连续性，是超出一切限度，在"飞矢不动"中则是绝对的限度，是连续性的中断，而没有到对方的过渡，结果芝诺在这样证明没有运动时，反而说出了位置固有的辩证法，即运动是空间和时间的连续性与空间和时间的间断性的统一。

位置和运动的统一在黑格尔的《自然哲学》中被理解为物质，因而物质也就被理解为空间与时间的矛盾发展的结果。他说，"人们常常从物质开始，然后把空间和时间视为物质的形式。此中的正确之处在于，物质是空间与时间中实的东西。但在我们看来，空间与时间有抽象性，因而在这里必定向我们表现为最初的东西；而物质是它们的真理，这必定是我们后来看出的事实"②。他的这类怪诞的理解是基于他把空间和时间视为自然界的开端的观点。不仅如此，他还把空间和时间向物质的过渡理解为从观念性到实在性的过渡。他认为，"观念性可以代替实在性，实在性可以代替观念性"，并且"一定量的观念环节可以产生出同相应的实在环节相同的结果"。例如"在杠杆作用中，质量可以用距离来代替，反之亦然"。又如，"在运动量中速度只是空间与时间的量的关系，可以代替质量；反之，当质量增大而速度相应地减小时，也会产生相同的现实结果。砖头本身并不能把人砸死，而是只有通过获得的速度，才会产生这个结果，这就是说，人是被空间与时间砸死的"③。

撇开黑格尔的以上论述中的唯心主义臆造，我们就会看到他给我们

---

① ［德］黑格尔：《哲学史讲演录》第 1 卷，第 286 页。
② ［德］黑格尔：《自然哲学》，第 60 页。
③ ［德］黑格尔：《自然哲学》，第 57 页。

提供了这样一个关于空间与时间的理论,按照这个理论,空间不能和充实于其中的东西分离开,时间是现实事物本身的历程,空间与时间是不可分离地统一的,它们从属于运动。黑格尔在 19 世纪初思辨地提出的这个理论,在 20 世纪初的物理学革命中经受了考验。在这场革命中,空间与时间的概念也得到改变。传统的绝对空间与绝对时间的概念在解释光的传播问题时,与实验事实发生了矛盾。为此,爱因斯坦于 1905 年建立了狭义相对论,说明在速度接近或达到光速的物理运动中,两个事件发生的先后或是否同时,在不同的参考系看来是不相同的,在量度物体的长度时,将测到一个运动的物体在其运动方向上的长度要比静止时缩短,在度量时间的进程时,将看到运动的时钟要比静止的时钟进行得慢,这就证明了空间和时间同物质的运动是不可分离的。1908 年赫·明可夫斯基(H. Minkowski 1864—1909)把时间看作一个虚的空间坐标,提出了四维空间概念,从数学上严格地论证了空间和时间的可区分而不可分割的性质。他说,“从今以后,孤立的空间和孤立的时间都消失了,而只有两者的一种统一体依然存在着”①。1915 年爱因斯坦建立的广义相对论又进一步表明,只有在引力场不强的情况下,空间–时间的结构是平直的,不受运动的物质的影响,反之,则受到物质的分布的影响而变为弯曲的,这就证实了空间与时间对于运动的物质的依赖性。他写道,“空间–时间未必能被看作是一种可以离开物理实在的实际客体而独立存在的东西,物理客体不是在空间之中,而是这些客体有着空间的广延。因此,‘空虚空间’这一概念就失去了它的意义”②。如果我们把相对论的这些结论与黑格尔的那个理论加以比较,我们也许可以说,黑格尔关于空间和时间的思辨观点在现代物理学中得到了确认。

---

① 洛伦茨、爱因斯坦、明可夫斯基等:《相对性原理》,伦敦 1923 年,第 75 页。
② 《爱因斯坦文集》第 1 卷,第 560 页。

第二节　物质和运动

黑格尔是按照他的概念发展的辩证法推演物质和运动的联系的。他首先从逻辑概念出发,规定了吸引和排斥是物质的本质属性,然后才通过这种本质属性的表现过程,得出了物质自己使自己运动的结论。

关于物质的本质,黑格尔认为,物质作为位置与运动的统一,把空间与时间的连续性与间断性作为得到扬弃的环节,包含到了自身之内。因此,物质既作为间断性的东西,坚持着它自身的相互分开的状态,具有排斥的属性,同时又作为连续性的东西,否定着这些相互分开的状态,具有吸引的属性。他写道:"物质通过它的否定性的环节、它的抽象的个别化,与它的自相同一性相反,坚持着它自身的相互分开的状态;这就是物质的排斥。但因为这些有区别的东西是完全同一的,所以这种相互分开存在的自为存在的否定性统一也同样是本质的,因此物质是连续的;这就是物质的吸引。物质不可分离地是这两个环节,并且是它们的否定性统一。"①

黑格尔的这个思想来源于康德。他说,"康德把物质视为排斥和吸引的统一,从而完善了物质观,这个功绩应该归于康德。这种物质观包含着正确的东西,即吸引无疑应被承认为蕴含在自为存在概念里的另一环节,因而吸引就像排斥一样,也在本质上属于物质"②。不过,在黑格尔看来,吸引与排斥的统一应该像他在他的逻辑学里做的那样,有严格的逻辑

---

① 　[德]黑格尔:《自然哲学》,第61页。
② 　[德]黑格尔:《小逻辑》,第216页。

推演,以证明两者是相互转化的。康德没有做到这一点,因此,黑格尔批评了"康德假定斥力和引力这些反思规定是彼此对立的和固定不变的"①这个缺点。

恩格斯高度地评价了黑格尔的这个思想。他指出,黑格尔"说得很对:物质的本质是吸引和排斥。事实上我们愈来愈不得不承认:物质的分散有一个界限,在这个界限上,吸引转变成排斥;相反地,被吸引的物质的凝缩也有一个界限,在这个界限上,排斥转变成吸引"。虽然"吸引转变成排斥和排斥转变成吸引,在黑格尔那里是神秘的,但是,事实上他在这里预言了以后的自然科学上的发现"②。如果说恩格斯那个时代的天文学证明过黑格尔的预言,那么,现代天文学关于恒星演化提供的观测资料也同样证明了黑格尔的预言,因为从星云收缩为恒星直到恒星演变为中子星和白矮星就是吸引和排斥相互转化的过程。

在黑格尔的视野里,物质和运动的联系经历了一个发展的过程。他认为,物质与运动的联系最初是外在的,后来才发展为内在的。在外在的联系中物质不符合于自己的概念,物质是有限的,运动外在于物质,而在内在的联系中,物质则符合于自己的概念,物质是自由的或无限的,运动完全内在于物质。因此,在黑格尔看来,物质的运动就有这样三种形式:

第一,由外面传递的机械运动。在这种形式中,惯性物体就其自身说,既不使自己静止,也不使自己运动,而只是通过外在的推动,由一个状态进入另一个状态,就是说,运动和静止是依靠一个他物设定到惯性物体内部的。惯性物体如果在运动,就一直在运动,并不自动地过渡到静止;惯性物体在静止时,总是寂然不动,也不自动地过渡到运动。惯性物体以重力为其固有的属性。在碰撞中,两个惯性物体凭靠自己的重力,相互作

---

①　[德]黑格尔:《自然哲学》,第61页。
②　恩格斯:《自然辩证法》,《马克思恩格斯全集》第20卷,第587页。

出抵抗。但重力中心不在惯性物体内部,惯性物体具有力求达到自身之外的中心的趋向。在惯性物体通过相对空虚的空间而与其重力中心分离开的情况下,物体的这种趋向就构成落体运动。

第二,落体运动。在这种运动中,各个物体都由于其重力,而力求达到其重力中心,因此,落体运动是自由的、内在于物体的运动;但是,在落体运动中,被吸引的物质还没有作为排斥自身的物质设定起来,物质的运动只是被片面地设定为吸引活动,并且离开中心的条件是偶然的,因此,落体运动同时又是受制约的运动。所以,落体运动构成了从惯性物体的运动到绝对自由的运动的过渡环节。

第三,无条件自由的运动,即天体的机械运动。在这种运动中,重力终于表现为吸引与排斥的结合,因此,在内部包含着中心的物质既自己吸引自己,也自己排斥自己,从而使自身成为许多都有自己的中心的质团。这种自由的物质与那种从外部获得运动的有限的物质不同,是自己使自己运动的无限的物质。黑格尔说,"天体运动不是一种来回牵引,而是自由运动;正如古人所说,天体就像怡享清福的诸神那样走着它们的道路。天上的形体不是那种在自身之外可能具有运动或静止的本原的形体"①。

黑格尔认为,物质与运动的联系在惯性定律支配的运动中是外在的,在万有引力定律支配的运动中才是内在的。他正确地认识到,运动构成物质的本质,是空间和时间的统一,物质与运动是不可分离的。他说,"就像没有无物质的运动一样,也没有无运动的物质"②。但他得出物质与运动不可分离的结论的前提,却不是像唯物主义者那样把运动视为物质的谓语,而是把物质视为运动的谓语,因为在唯心主义者黑格尔看来,"运动是真正的世界灵魂的概念。虽然人们已习惯于把运动看作谓语或

---

① ［德］黑格尔:《自然哲学》,第 87 页。
② ［德］黑格尔:《自然哲学》,第 60 页。

状态,但运动其实是自我,是作为主体的主语"①。他认为把运动视为谓语的原因在于:"运动表现为谓语,这恰恰是运动熄灭自身的直接必然性。直线运动不是自在自为的运动,而是从属于一个他物的运动,在他物中运动就变为谓语、被扬弃的东西、环节"②。这又同样表现了他的唯心主义观点,按照这种观点,唯物主义者主张物质是运动的主体,似乎是由于停留在非自在自为的直线运动上,而他那种认为运动是物质的主体的观点则是基于扬弃了直线运动的曲线运动,即扬弃了非自由运动的自由运动。

从这种关于物质与运动的关系的唯心辩证法前提出发,他一方面批判了那种认为存在着没有运动的物质的机械论观点,指出"属于这种非概念的反思的,是所谓的力被视为移植到物质中,即原来外在于物质,以致恰恰是这种在力的反思中使人看出来的、真正构成物质的本质的空间与时间的统一性,被设定为某种对于物质异在的和偶然的东西,被设定为从外面带进物质里的"③;另一方面,他也批评了那种认为存在着没有物质的运动的唯心主义观点,指出"既然有运动,那就有某物在运动,而这种持久性的某物就是物质"④。

马克思主义经典作家批判地继承和发展了黑格尔从哲学史概括出来的这些关于物质和运动的联系的正确论点。恩格斯在批判杜林的那种关于物质的不动状态的荒唐观念时指出,"运动是物质的存在方式。无论何时何地,都没有也不可能有没有运动的物质"。"没有运动的物质和没有物质的运动是同样不可想象的"⑤。当威·奥斯特瓦尔德(W. Ostward

---

① 〔德〕黑格尔:《自然哲学》,第 59 页。
② 〔德〕黑格尔:《自然哲学》,第 59 页。
③ 〔德〕黑格尔:《自然哲学》,第 57—58 页。
④ 〔德〕黑格尔:《自然哲学》,第 60 页。
⑤ 恩格斯:《反杜林论》,《马克思恩格斯全集》第 20 卷,第 65 页。

1853—1932)把物质现象归结为能量过程,认为自然界不必由作为主语的物质与作为谓语的运动构成时,他就陷入了另一种同样荒唐的观念,即设想没有物质的运动。与这两个错误的极端相反,现代物理学加深和发展了物质和运动不可分离的原理。爱因斯坦根据狭义相对论导出了质量与能量的关系式 $E=mc^2$,即物体的质量(m)是它所包含的能量(E)的量度,式中 c 为真空中的光速。这个关系式表明,任何质量都是与能量结合起来的,而任何能量也是与质量相联系的,从而进一步揭示了物质与运动的真实联系。

第三节　作为引力系统的太阳系

在研究天体的机械运动问题上,黑格尔提出,"大家必须满足于我们迄今实际上所能把握的东西。有许多东西仍然不能把握,这是在自然哲学中必须承认的。对于星星的合理兴趣现今也仅仅是在研究它们的几何学中表现出来"①。他认为,在他那个时代,太阳系以外的天体运动除了它们所透露的几何图像,是没有很多必然性可说的,反之,"太阳系才是我们在天上所能认识到的实在合理性的系统"②。因此,根据当时天文学所能提供的知识,他把他对天体运动的考察仅仅局限于太阳系。

黑格尔考察的一个问题在于,作为力学系统的太阳系是由哪些物体或环节组成的,它们的关系如何。这位哲学家认为,在太阳系里"我们得到的,首先是绝对的中心物体,其次是各个自身无中心的附属物体,最后

①　[德]黑格尔:《自然哲学》,第 84 页。
②　[德]黑格尔:《自然哲学》,第 83 页。

是各个相对的中心物体；只有用这三类物体，才能完成整个引力系统"①。按照这些物体的不同规定，他确定了它们的相互关系。太阳作为绝对的中心物体，表现出抽象的旋转运动，即围绕其中心的内在旋转；彗星和月亮作为自身无中心的附属物体，只有围绕自身之外的中心的运动，而没有独立的旋转运动；各个行星作为相对的中心物体，自身具有相对中心，它们的运动方式既是自转，同时也是围绕自身之外的绝对中心的运动。黑格尔的这些看法确有错误，例如，他说月亮无自转就不正确。但重要的是他认识到，"运动本身只有在许多物体所组成的系统中才有意义和现实存在"②，而"要辨明两个物体中的哪个物体在运动，就必须有第三个物体"③。这第三个物体是什么样的参考系？黑格尔在《自然哲学》里并未精确地予以回答。不过，他在《哲学史讲演录》里分析芝诺的"运动场"时指出，"要决定哪一个物体在运动，不止需要两个地点，至少需要三个地点。但认为运动完全是相对的，这总是正确，而在绝对空间里，例如，眼睛是静止的还是在运动，这却都是完全一样的"④。在这里，黑格尔否认了物体相对于绝对空间的绝对运动，而认为物体的运动总是相对于第三个物体的运动，并且在谈到人在航行的船上行走时，接近于认识到这第三个物体作为参考系有基本（岸）和非基本（船）之分。

黑格尔考察的另一问题在于，怎样理解引力，它与其对立环节是否合而为一。这位唯心主义哲学家认为，自为存在是排斥的体现，是间断性的环节，但自为存在在自相区别的同时，也坚持着自相同一，因而表现为吸引，表现为连续性。正是依据这样的概念辩证法，黑格尔认为，"引力概

---

① ［德］黑格尔：《自然哲学》，第 103 页。
② ［德］黑格尔：《自然哲学》，第 85 页。
③ ［德］黑格尔：《自然哲学》，第 103 页。
④ ［德］黑格尔：《哲学史讲演录》第 1 卷，第 290 页。

念本身包含着自为存在和扬弃自为存在的连续性这两个环节"①。这就意味着,引力作为支配天体运动的一种力量是吸引力和排斥力、向心力和离心力的统一。他批评了牛顿把这两个环节理解为分离的力,以为它们互相独立地、偶然地在作为第三个因素的物体中碰到一起。他指出,"作为沿着切线方向飞出去的意向,离心力被极为愚笨地假定为是通过斜射、振动和碰撞传给天体的,天体似乎在开始就得到了这种作用。从外部传给的运动的这类偶然性,就像绳索上系着的一块石头在斜射时要飞出去一样,属于惯性物质。所以,我们不应当说有许多力。如果我们要说力,那也只有一种力,它的各个环节不是作为两种力引向不同的方向的"②。在黑格尔看来,他的这种理解引力的方式是理性的方式,它说明了行星是自己使自己运动,而牛顿的理解引力的方式则是知性的方式,它必然会把行星的运动视为从外部传给的运动,从而使万有引力定律中包含的理性内容被弄成子虚乌有。黑格尔的这种观点显示了德国古典自然哲学与牛顿机械论思想的不同。

　　黑格尔考察的最后一个问题是规定太阳系作为力学系统的逻辑形式。他用他的泛逻辑主义刻画了这个系统,认为"它本身就是由三个推论组成的系统"③。在第一个推论 A—E—B 中,太阳(A)是一端,没有独立性的天体彗星和月亮(B)是另一端,作为相对中心的行星(E)是结合了这两端的中项。在第二个推论 E—B—A 中,没有独立性的天体(B)作为中项,一方面与太阳(A)相联系(就彗星而言),另一方面与行星(E)相联系(就月亮而言)。在第三个推论 B—A—E 中,太阳(A)作为中项,一方面有一个分离的力量,另一方面有一个结合的力量。不管黑格尔的这种思辨结构应怎么加以评判,我们毕竟可以说,它既表现了这位德国古典

---

① ［德］黑格尔:《自然哲学》,第85页。
② ［德］黑格尔:《自然哲学》,第87页。
③ ［德］黑格尔:《自然哲学》,第85页。

自然哲学家虚构现实的弱点,也表现了他的唯理主义要求,因为它得出了这样的结论:太阳系的中心领域、彗星领域、月亮领域和行星领域,即"天体的这种四重性形成理性物体性的完善系统"①;"太阳系实际上是一个体系,一个在内部有本质联系的总体"②。正是基于这种把太阳系视为完善力学系统的唯理主义思想,黑格尔批评了当时在欧洲广泛流传的那种害怕彗星给地球造成危险的恐惧情绪,他说,"如果像势必要做的那样,人们设想彗星是我们太阳系的组成部分,那么,彗星就不是作为陌生的过客来到我们这里,而是在太阳系里产生的,它们的轨道取决于太阳系。这样,其他星体就会对彗星保持自己的独立性,因为其他星体也同样是太阳系的必要环节"③。

最后应该指出,黑格尔并没有把太阳系当作表现概念的尽善尽美的自然系统,因为他认为,太阳、彗星、月亮和行星"这四个领域在天空〔只是〕以彼此外在的方式展现出概念的各个环节"④,各种差别还是完全自由地分别产生的,各个环节尚未有机地结合起来。因此,"我们将通过以后自然界的所有发展阶段来继续研究太阳、行星、月亮、彗星这四个自然领域;自然界的深化只是这四个领域不断改变形态的前进过程"⑤。在这里,黑格尔正确地认识到了力学运动是物理运动、生命运动的基础;但是,当他把人是宇宙的翻版这个德国自然哲学的传统观点加以贯彻,宣称太阳系"这个总体是产生后来的东西的根据和普遍实体"⑥的时候,他却在物理系统中把气解释为降为元素的太阳,把火解释为降为元素的月亮,把水解释为降为元素的彗星,把土解释为降为元素的行星,在有机系统中认

---

① ［德］黑格尔:《自然哲学》,第 107 页。
② ［德］黑格尔:《自然哲学》,第 134 页。
③ ［德］黑格尔:《自然哲学》,第 137 页。
④ ［德］黑格尔:《自然哲学》,第 107 页。
⑤ ［德］黑格尔:《自然哲学》,第 107 页。
⑥ ［德］黑格尔:《自然哲学》,第 108 页。

为感受性相当于太阳,应激性相当于彗星和月亮,再生相当于行星,这就是极其荒唐可笑的了。黑格尔关于太阳系在其他自然系统中的这种推广充分暴露了德国古典自然哲学牵强附会的做法。

第六章　物理学中的哲学问题

　　黑格尔的《自然哲学》,第二篇论述了物理学中的哲学问题。他当时所谓的物理学就是我们现在所说的物理科学。按照他的哲学体系的结构,物理领域是从力学领域转化来的,作为力学系统的太阳系是一种以外在方式把自己的各个环节统一起来的系统,作为物理系统的太阳系则是一种以内在方式把自己的各个环节统一起来的个体性系统。在物理领域里,这种个体性最初包含在普遍东西中,然后被设定到有差别的规定中,最后又从这种差别返回到自身。因此,黑格尔认为,在物理领域里表现理念的东西首先是普遍的个体性,其次是特殊的个体性,最后是总体的个体性。《自然哲学》的这个部分,从自然科学内容看,包括天体物理学、气象学、光学、热学、声学、电磁学、化学等等,从哲学思想看,涉及许多辩证矛盾,因此,黑格尔也不得不声明,"物理学部分是自然界中最难理解的部分"[1]。对我们来说,为了便于理解,我们将首先概括说明他的基本构想,然后扼要讨论他所研究过的哲学问题。

第一节　普遍个体性

　　黑格尔认为,普遍个体性包含三个环节。第一个环节是从物理方面

---

[1]　[德]黑格尔:《自然哲学》,第114页。

得到规定的天体,即作为物理系统的太阳系;第二个环节是与这个天体系统相关联的规定,即作为物理元素的气、火、水、土;第三个环节是具有相互转化的物理元素的过程,即气象过程。他认为,在作为物理系统的太阳系中,太阳是自身发光的物体,月亮是没有水分的晶体,彗星是彻底透明的含水物体,行星是土质构成的物体,这些自由的物理物体组成了一个合乎逻辑推论的天体物理系统。他认为,天上的物理物体转变成了地上的物理元素,这些元素组成的系统就是从天空降到地上的太阳系,其中的气是降为元素的阳光,火是降为元素的月亮,水是降为元素的彗星,土是降为元素的行星。古希腊哲学家恩培多克勒的四元素说在黑格尔那里得到了恢复,这四种元素竟然被他解释为一些比化学元素还要基本的东西。他认为,这些物理元素的相互转化就造成了地球上的种种气象变迁。

这一部分物理学确实包含着许多唯心主义的臆造和陈腐不堪的看法,再去评述它们,都会令人感到无聊。但在另一方面,我们如果认真考察黑格尔对这部分物理学中的哲学问题所作的探讨,则会发现他也提出不少精辟见解。

第一个问题是光与暗的关系。黑格尔对这个问题的探讨是从谢林停止下来的地方前进的。谢林曾经认为,"在光的世界的彼岸,有一个不再属于我们的直观范围的世界,放射出一种我们所不认识的光芒"[①]。但这种与光对立的东西是什么? 它与光的关系如何? 谢林并未再加以深究。与谢林不同,黑格尔首先在研究太阳的物理性质时说明,光在物理世界中的意义相当于自我在精神世界中的意义,从太阳发出的光是无形体的物质,它就像自我建立精神世界,统一精神那样,赋予自然事物以生气,使物质世界显现出同一性;但这种无形体的物质并不像自我那样,是具体的自相统一,而是抽象的同一性,"作为抽象的同一性,光在自身之外有不同

---

① ［德］谢林:《先验唯心论体系》,第 153 页。

的东西,这就是无光的东西"①,即作为光的界限的暗。其次,黑格尔分析了光与暗的对立关系,认为这种关系既是肯定的,又是否定的。之所以说是否定的,是因为光在物理世界中是纯粹的自我,暗在物理世界中是纯粹的无我,因而两者的关系是相互否定。之所以说是肯定的,是因为暗在光面前消逝,与光对立的暗物变成了可见的,而光也只有通过自己的界限,通过暗物,才把自己显现出来,达到现实存在。因此,光与暗是相辅相成的。最后,特别有趣的是黑格尔认为,"光只有与暗对比,把自身作为光区分出来以后,才能把自身显现为光"②;否则,光就不能把自身显现为光。因此,"光本身是不可见的;在纯粹的光里就像在纯粹的暗里一样,我们什么东西也看不到;纯粹的光是黑暗的,就像漆黑的夜色一样"③。

大家知道,《约翰福音》里说过,"光照到黑暗里,黑暗却不接受光"。从这个时候起直到18世纪的启蒙运动止,对于欧洲的宗教和哲学来说,光与暗始终是自然界中最明显、最尖锐的对立。黑格尔在19世纪初就断言纯粹的光等于纯粹的暗,这可以说是对一个传统观念的否定。后来,恩格斯依据19世纪60年代光学取得的成就指出,既然物理学证实了存在着暗的光线,那么,"尽人皆知的光和暗的对立,作为绝对的对立,就从自然科学中消失了"。"什么是光,什么是非光,这取决于眼睛的构造"④。恩格斯在这里是从生理光学的角度说明了光与暗的绝对对立的消失。如果我们现在完全从物理学的角度来考察这个问题,我们则可看到,绝对黑体能够全部吸收外来电磁辐射而毫无反射与透射,因此看上去是全黑色的,但它本身却可以发射各种频率的光,这也许很好地诠释了黑格尔关于光与暗的关系的思辨观点。

---

① ［德］黑格尔:《自然哲学》,第119页。
② ［德］黑格尔:《自然哲学》,第120页。
③ ［德］黑格尔:《自然哲学》,第120页。
④ 恩格斯:《自然辩证法》,《马克思恩格斯全集》第20卷,第631页。

　　第二个问题是光的传播的连续性与间断性的关系。在这个问题上，17世纪就有两种相互对立的学说。牛顿等人所倡导的光的微粒说认为，光是由一种具有完全弹性的球形微粒大量聚集而成的，这些微粒以极大的速度作直线运动，只有在媒质发生变更时，才有速度的变化。克·惠更斯（Ch.Huygens 1629—1695）等人创立的光的波动说则认为，光是一种弹性机械波，它靠特殊的弹性媒质，即光以太进行传播。微粒说容易解释光的直进、反射、折射等现象，因而曾经得到了普遍的承认；但在19世纪初发现光的干涉、衍射等现象以后，微粒说的统治地位逐渐为波动说所代替。就是在这个时候，黑格尔作为哲学家参加了这两种学说的争论。他认为，光既包含自相一致的环节，也包含自相分离的环节，因此，光的传播作为空间上的膨胀与时间上的活动，是间断性与连续性的统一。他说，"光是作为物质、作为发光的物体，而与另一个物体发生关系的，因此就存在着一种分离，这种分离在任何情况下都是光的连续性的一种间断。这种分离的扬弃过程就是运动，于是时间也就与这样的间断东西发生了关系"①。在他看来，关于光的连续性观念与关于光的间断性观念都是各执一端的片面假说，因此，"认为光按照直线传播的牛顿理论，或认为光按照波状传播的波动理论，都是一些物质观念，它们对于认识光毫无裨益"②。他强调光的自相统一与自相分离是概念规定的固有必然性，反对把这两个环节的统一割裂开的任何一种观念。并且他特别批评了微粒说，十分明确地指出，"有人认为神经是由一系列小球组成的，每个小球都有一种冲力，推动其他小球；正像这样的神经不存在一样，光微粒或以太微粒也是不存在的"③。

　　光的本质是什么？光究竟是怎样传播的？任何一位科学家都不会苟

---

① ［德］黑格尔：《自然哲学》，第127页。
② ［德］黑格尔：《自然哲学》，第126页。
③ ［德］黑格尔：《自然哲学》，第127页。

求哲学家黑格尔对于这个问题作出具体的回答。而他在波动说取代微粒说的时候，敢于断言这两者不足以认识光，指出问题的解决在于连续性与间断性的统一，这不能不说是一种杰出的哲学预见。自然科学的发展也说明了这一点。自 1887 年起亨·鲁·赫兹（H.R.Hertz 1857—1894）等人相继发现，金属在光的照射下释放电子的现象并不能用光的波动说加以解释。直到 1905 年爱因斯坦创立光量子理论，才解释了这种现象。他的光量子理论认为，光是能量子的集合，光的瞬时涨落显示出粒子性，光的统计平均行为显示出波动性。他说，"根据普朗克公式，两种特性结构（波动结构和量子结构）都应当适合于辐射，而不应当认为是彼此不相容的"①。这样，爱因斯坦就在科学上第一次揭示了光具有波粒二象性。因此，我们也许可以说，黑格尔对于光的传播的哲学猜想十分类似于现代物理学家提出的光的波粒二象性概念。

　　第三个问题是在太阳系中地球与其他天体的物理关系。关于这种关系，在黑格尔那个时代自然科学还不能提供什么确凿的证据，但这位自然哲学家出于他的体系的需要，又对这个问题特别感兴趣，因此，他就只好杜撰出种种联系来。首先，在黑格尔看来，各种宇宙力量既是作为独立而相关的物体留在天上的，同时也过渡到它们在地上作为个体性环节所构成的东西，而"地球和有机体的天职就在于消化那些十分普遍的、作为天体而具有独立性外观的星际力量，使它们服从个体性的统辖，在个体性里这些庞大的成员则把自身降低为一些环节"②。其次，黑格尔认为，经过这样消化各种宇宙力量，地球上就形成了一种面对普遍的物理东西而能独立保持其自身的具体形态，地球就变成了在自身具有完整形式的个体性，而且这种"个性体的力量越大，星星力量的支配作用便越

① 《爱因斯坦文集》第 1 卷，第 66 页。
② ［德］黑格尔:《自然哲学》，第 140 页。

小"①。他肯定了地球是太阳系中最发达的天体,批评了那些异想天开的人们以为太阳和月亮上有生物,并指出"事实上只有一个行星才能这样。这类回归到自身的自然事物,这类面对普遍的东西而能独立保持其自身的具体形态,在太阳上还不存在;在各个恒星上,在太阳上,只存在着发光的物质"②。黑格尔最后得出的结论是:"太阳为行星服务,正如太阳、月亮、彗星和星星一般说来仅仅对地球才重要一样"。"从量的方面考虑,大家确实可以藐视地球,把它看作'无限事物的海洋里的一滴水';但量的大小是一种颇为外在的规定。因此,我们的考察现在必须立脚于地球,地球是我们的故乡,它不仅是肉体的故乡,而且也是精神的故乡"③。

关于黑格尔得出的这个结论,恩格斯曾经做过如下的评述:"天文学中的地球中心的观点是褊狭的,并且已经很合理地被推翻了。但是,当我们在研究工作中愈益深入时,它又愈来愈出头了。太阳等等服务于地球(黑格尔《自然哲学》第155页)。(整个巨大的太阳只是为了小的行星而存在。)我们只可能有以地球为中心的物理学、化学、生物学、气象学等等,而这些科学并不因为说它们只对于地球才适用并因而只是相对的,而损失了什么。如果认真地对待这一点并且要求一种无中心的科学,那就会使一切科学都停顿下来。对我们说来,只要知道,在相同的情况下,无论在什么地方,甚至在离我们右边或左边比从地球到太阳还远一千万亿倍的地方,都有同样的事情发生,那就够了"④。至于地球与太阳的真正的物理关系,黑格尔并未超过他那个时代自然科学发展的状况,所以也就提不出什么真正有价值的具体见解来。

---

① 　[德]黑格尔:《自然哲学》,第138页。
② 　[德]黑格尔:《自然哲学》,第121页。
③ 　[德]黑格尔:《自然哲学》,第140—141页。
④ 　恩格斯:《自然辩证法》,《马克思恩格斯全集》第20卷,第582—583页。

第二节　特殊个体性

黑格尔认为,特殊个体性是在自身具有完整形式的个体性,它的内在的形式浸透了它的各个有差别的东西,规定着它的各个物质部分的相互关系。特殊个体性包括四个环节,即比重、内聚性、声音和热。比重是有重物质各个部分的单纯量的关系,内聚性是有重物质各个部分的协和关系,声音是物体在其自身的内部振动,热是物体的内聚性的改变。黑格尔以其唯心主义的观点,把内在的形式解释为各个有差别的东西的灵魂,解释为物质本身的自我性,认为这种灵魂或自我性的目标就是要经过比重、内聚性、声音与热这四个环节,不断改变各个物质部分的关系,以期发展出概念的全部规定性,形成一种能够对内和对外组织自身的物质。

在探讨内聚性时,黑格尔遇到了物质可以无限分割与不可无限分割的问题。他认为,当内聚性物体受到另一物体的作用时,它就表现出一种为了直接恢复自己而复归于自身的活动,即弹性,而在这种活动中,内聚性物体的每个微粒或每个部分都在运动,都同时在同一个地点又不在同一个地点。由此出发,黑格尔得出结论说,各个微粒或各个物质部分的"连续性根本不能同它们的差异性分离开;弹性就是这些环节本身的辩证法的现实存在"。"于是,在弹性里物质部分、原子和分子都被设定为肯定占有其空间的,被设定为持续存在的,同时又被同样设定为不持续存在的,被设定为限量"①,即特定的间断的量。在他看来,假定物质只具有连续的量的规定,认为它可以无限分割,这是一种片面的看法,假定物质

––––––––––

① [德]黑格尔:《自然哲学》,第184页。

只具有间断的量的规定,认为它由不可分割的单位所构成,这是另一种片面的看法,但实际上量既是连续的也是间断的,物质既是可以无限分割的又是不可无限分割的,或反过来说,既不存在单纯连续的量、只具有连续性的物质,也不存在单纯间断的量、只具有间断性的物质。在谈到内聚性物体会受到另一物体的作用,在内部发生改变的时候,黑格尔还特别针对那种认为物质只具有间断性的观点,指出"物质并不是永远不变的、不可贯穿的东西"①,坚持了物质是连续性与间断性的统一的观点。

在德国古典哲学发展的历史上,黑格尔的这个思想是十分宝贵的。大家知道,在康德列举的理性宇宙论的第二个二律背反中,正题主张世界上的一切都是由单一的不可分的部分组成的,反题主张世界上的一切都是复合的和可分的,没有单一的东西。康德发现了物质构造中的辩证矛盾,但又无法加以解决。费希特做过一个思想实验②。他一方面断言,他能够在思想中把物质无限分割下去,没有任何可能的部分是最小的部分,以致它似乎不再能加以分割;另一方面,他又认为,他在无限分割物质时,除了把可以感觉的东西推广到无限可分的空间中,就永远不会碰到一个本身不可感觉的部分,因此,他又宣布他不可能把物质分割到无限。费希特的目的在于否认超乎感觉的物自体,他在涉及康德所说的矛盾时,只不过是把单纯的间断性赋予现象世界中的物体,而把单纯的连续性留给空间。谢林曾经想另辟蹊径,解决这个矛盾。他认为,"进行构造活动的东西,只能是第三种力,这种力是综合排斥力和吸引力两者的力"③。可惜,他缺乏逻辑的推演,并未将这个重要思想加以贯彻。只有黑格尔才在他的逻辑学里从自为存在的吸引与排斥的统一,演绎出量的连续性与间断

① ［德］黑格尔:《自然哲学》,第 185 页。
② ［德］费希特:《人的使命》,梁志学、沈真译,商务印书馆 1982 年版,第 42—44 页。
③ ［德］谢林:《先验唯心论体系》,第 107 页。

性的统一,并把这个推演的结论应用于自然哲学,说明了空间、时间以及以它们为形式的物质是连续性与间断性的统一。

　　恩格斯在评论黑格尔的这一思想时写道,"黑格尔很容易地把这个可分性问题对付过去了,因为他说:物质既是两者,即可分的和连续的,同时又不是两者;这不是什么答案,但现在差不多已被证明了"①。恩格斯根据他那个时代的自然科学,肯定了物质是按质量的相对大小分成一系列容易分清的组,使每一组的各个组成部分相互间在质量方面都具有确定的、有限的比值,但对于邻近的组的各个组成部分只具有在数学意义下的无限大或无限小的比值。他说,原子决不能被看作已知的最小的实物粒子,如果我们用 dx 表示原子,用 d^2x 表示当时大多数物理学家假定的"宇宙以太",那么,"每个人只要高兴,都完全有理由设想自然界中一定还存在着和 d^3x、d^4x 等等相似的东西"②。恩格斯给予黑格尔的这个肯定评价,在现代自然科学日益深入到物质结构更深层次的凯旋进军中不断得到了验证。当然,这个 d^2x 不是"宇宙以太",而是基本粒子。它并不像本世纪 30 年代被认为的那样,是什么不可分割的、没有大小的点状粒子,而是有内部结构的东西。基本粒子中的强子(如质子、中子等)是由层子(夸克)构成的,但层子的质量和大小不是比它所构成的基本粒子更小,而是更大,因此,已不能用 d^3x 来表示了。现代物理学家目前已经提出了层子是否还有内部结构的问题,这将引起哲学观念的改变。另一方面,恩格斯批评黑格尔在物质的连续性与间断性的统一问题上对付过去了,这是十分中肯的。因为这位唯心辩证法大师确实常常用思辨的联系去代替现实的联系。但如果我们考察现代马克思主义哲学家对物质的连续性与间断性的统一所作的研究,我们则仍然可以看到,科学实验所揭示

---

①　恩格斯:《自然辩证法》,《马克思恩格斯全集》第 20 卷,第 588 页。
② 　恩格斯:《自然辩证法》,《马克思恩格斯全集》第 20 卷,第 614 页。

的这种统一关系还有待于在哲学逻辑中得到清晰的阐明。

　　在结束了对内聚性的考察以后，黑格尔就转而考察声音的本质问题。从物理声学的角度出发，他把声音规定为"物体在自身的内在震颤"①，认为同质均匀的物体作振动，会发出乐音，不同质、不均匀的物体作振动，则会发出噪音，并且把声音的传递解释为物体的各个部分受到震颤。针对当时还在流行的声质说，黑格尔指出，"当物理学家谈到某种声质，说它能迅速穿过物体的细孔时，这种假说就在声音传递问题上表明自身是完全不能成立的"。"只有知性为了作出解释，才假定了一种客观的存在，就像谈论热质那样，谈论什么声质"②。这些观点无疑有其可取之处。但是，作为唯心主义哲学家的黑格尔对于声音的本质还另有一种解释。在他看来，声音"既是观念东西的自由物理表现，但又与机械东西相结合；它既摆脱了有重物质同时又属于这种物质"③。因此，声音的本质就在于灵魂与物质东西合为一体，灵魂作为内在的形式贯穿在振动的物体中。所以，"在物体发出乐音时，我们就觉得自己进入了一个更高的境界。乐音触动了我们最内在的感觉，它之所以能感动我们的内在灵魂，是因为它本身就是内在的、主观的东西"④。在这里，如果我们去掉黑格尔在考察声音时表现的这种唯心主义的含义，我们则可以看出，他接近于把作为信息的声音理解为语义内容与物理载体的结合。

　　黑格尔认为，随着物体在自身作内在振动，物体的内聚性就发生了变化，物体的各个部分、各个微粒就流动起来。"物体的这种在内部变为流体的活动是热的发源地，而在这种产生热的地方，声音就自行消失了"⑤。

---

　　①　［德］黑格尔：《自然哲学》，第 185—186 页。
　　②　［德］黑格尔：《自然哲学》，第 191、188 页。
　　③　［德］黑格尔：《自然哲学》，第 187 页。
　　④　［德］黑格尔：《自然哲学》，第 188 页。
　　⑤　［德］黑格尔：《自然哲学》，第 203 页。

例如,如果敲打一口钟,它随着声音的消逝,就会变热,这种热并不是来自钟的外部,而是来自钟本身的内在振动。他考察了产生热的方式,认为真正产生热的方式是自燃,在这种情况下,物体的内聚性状态发生了变化,以至最后自动起火。另一种方式是磨擦,它虽然只是改变了物体表面的内聚性状态,但也能以外在的方式产生出热来。因此,"一个物体可以具有热的内在源泉,另一些物体则是从外部得到热,而并不在自身产生热。热起源于内聚性的变化"①。依据这样的考察,依据科学的实验,黑格尔批评了当时在自然科学家中流行的热质说。这种错误的假说以为,存在着一种没有大小、没有重量的物质,即所谓的热质,物体包含热质越多,它的温度就越高,而热的传递就是热质从高温物体到低温物体的流动。黑格尔指出,"伦福德关于物体摩擦生热(例如在钻旋炮膛的情况下)的实验,早已能完全抛开那种把热视为特殊独立存在的观念;他的实验与热质观念的一切遁辞针锋相对,证明热就其起源和本性而言,纯粹是一种状态的方式"②。"当人们断言金属片里所生的剧热是由强烈摩擦从邻近物体输入的时候,伦福德则说明热是在金属本身产生的。他用木料把整个金属包裹起来,木材本来是不良的热导体,不会让热通过,但金属片却变得同不加这层包裹一样灼热。从这里可以看出,知性给自己创造了一种我们决不能用概念承认的基质。声音和热并不像有重物质那样,是独立存在的;所谓的声质和热质是知性形而上学在物理学里的纯粹虚构"③。黑格尔的这一见解表现了他跟随自然科学前进的步伐,及时做出正确哲学概括的趋势,符合于自然科学后来达到的结论,即热的本质是大量实物粒子(分子、原子等)的不规则运动,这种运动越剧烈,由这些粒子组成的物体的温度就越高。正因为如此,恩格斯曾经在其《自然辩证法》中肯定了

① [德]黑格尔:《自然哲学》,第207页。
② [德]黑格尔:《自然哲学》,第205页。
③ [德]黑格尔:《自然哲学》,第207—208页。

黑格尔清除这类臆造的东西的贡献,指出"谬误的多孔性理论(根据这种理论,各种虚假的物质、热素等等,处在它们彼此的许多细孔中,然而却不能相互渗入),被黑格尔描写为纯粹的悟性的虚构"[①]。

第三节　总体个体性

黑格尔认为,总体个体性是内在形式作为支配者出现的个体性,在这种个体性中,内在形式已经不再像在特殊个体性里那样,只是起着规定各个物质部分的相互关系的作用,而是把各个部分组织为完整的形态,即物质自为地存在的实存总体。这种个体性也经历了一个发展过程。首先,总体个体性是尚未完成的形态或直接的形态,这就是磁;其次,总体个体性规定其自身为差别或有差别的形态,它最初是颜色,最后是电;第三,总体个体性发展为发达的形态或实现着自身的非静止状态,这就是化学过程。黑格尔的这类划分是要说明寓于物质本身的概念如何把物理系统组织为一种能在外界影响下持续存在的总体,其中充满许多唯心主义的虚构,它确实应该抛弃。但对我们来说,重要的是他讨论了四个十分有趣的物理科学中的哲学问题。

第一个问题是磁的两极性。在黑格尔看来,磁是一种用单纯素朴的方式体现概念的本性的物理现象,它以推论的方式表现了对立统一的辩证关系。他说,磁的"两极是两个生动的终端,每一端都是这样设定的:只有与它的另一端相关联,它才存在;如果没有另一端,它就没有任何意义"。例如,"我们就不能割掉北极。把磁体砍成两截,每一截都又是一

---

① 《马克思恩格斯全集》第 20 卷,第 547 页。

个完整的磁体;北极又会在被砍断的一截上直接产生出来。每一极都是设定另一极,并从自身排斥另一极的东西;推论的 termini〔各项〕不能单独存在,而只存在于结合中"①。对于这种辩证的关系,黑格尔不主张作唯物主义的理解,而主张作唯心主义的理解。他把唯物主义的理解方式歪曲为感性的方式,认为这种方式只是从外部把相反的两端结合起来,而忽视了它们的同一性是由潜在地存在于自然界中的概念设定的,忽视了它们的联系是它们作为推论的端项在它们的中项或无差别点中的结合。针对这种理解方式,黑格尔声言,"我们完全是在超感性事物的领域里生存的。如果有人以为自然界里不可能有思想,我们便可以向他指出在磁里就有思想"。"在这里起作用的决不是物质的东西,而是纯粹非物质的形式"②。另一方面,黑格尔也指出,如果用非此即彼的思维方式来理解磁的两极性,同样会遇到不可克服的障碍。他说,"正像感性理解方式一样,知性理解方式也不能把握磁。因为知性认为,同一的东西就是同一的,有差别的东西就是有差别的,换句话说,两个事物从哪方面来看是同一的,从哪方面来看就不是有差别的。但在磁里却有这样的事情:同一的东西恰恰就其为同一的而言,把自己设定为有差别的;有差别的东西恰恰就其为有差别的而言,把自身设定为同一的。差别就在于它既是它自身,又是它的对立面。两极中同一的东西把自身设定为有差别的,两极中有差别的东西把自身设定为同一的"③。

黑格尔的这些思想是康德和谢林的观点的进一步发展。康德在其早期著作《将负数概念引入哲学的尝试》(1763)里就已经研究过磁的两极的辩证关系,他的兴趣在于证明两极的强度相等,其和为零。谢林的兴趣则在于证明磁是标志物质的长度的自然现象,他误以为磁力线是有 C、A、

---

① 〔德〕黑格尔:《自然哲学》,第 225 页。
② 〔德〕黑格尔:《自然哲学》,第 225—226 页。
③ 〔德〕黑格尔:《自然哲学》,第 238 页。

B 三个点的直线,说在磁现象里"有两种力,它们虽然结合在一个主体内,然而却是分离的","从 C 到 A 只有肯定的力,从 A 到 B 只有否定的力",而"A 点将是两个力共同的分界点"①。黑格尔直接继承了谢林,并把这个分界点称为无差别的点,认为在这个点上就不会再出现排斥与吸引。不过,与康德和谢林相比,黑格尔又前进了一步。他不仅用他的思辨逻辑概括说明了磁的两极的相互依存与相互转化,而且还提出并试图回答磁化与去磁的根据问题。他看到,具有磁性的铁在灼热状态下被弄成流动的,就会失去磁性,而不具有磁性的铁在子午线的方向上加以摩擦,则会磁化。他据此猜想,磁是"把不同的物质点置于统一形式之下的内聚性活动"②,铁、镍、钴等金属的这种内聚性遭到破坏,就会失去磁性,反之,如能通过内部的振动而确立起来,则会磁化。他得出结论说,"磁决不是固定不变的,而是不断消失和不断出现的"③;它是"沉静的、把整体的一切不相关部分关联起来的造形活动",因此,"如果在自然哲学里说磁是一种极其普遍的规定性,这是正确的;但如果还想在形态里表明有磁本身,则是错误的"④。黑格尔的这个答案,在我们认识到物质的磁性起因于物质内部电子与核子的运动时,当然早已过时;但是,如果我们想到他那个时代还有人把铁设想为唯一的磁体,认为镍、钴等金属所以有磁性,是因为其中包含着铁的成分,那么,他提出磁性起源于物体内部的活动,这也不失为一种比较合理的猜测或见识。

第二个问题是颜色理论。大家知道,牛顿在 17 世纪 60 年代就已经用实验证明,"光本身是一种折射率不同的光线的复杂混合物"⑤。对于

---

① ［德］谢林:《先验唯心论体系》,第 108、111 页。
② ［德］黑格尔:《自然哲学》,第 224 页。
③ ［德］黑格尔:《自然哲学》,第 229 页。
④ ［德］黑格尔:《自然哲学》,第 240 页。
⑤ 《牛顿自然哲学著作选》,第 85 页。

同一大小的折射程度总是只有同样一种颜色,而对于同一种颜色也总是只有同一大小的折射程度。白光透过棱镜,分解为不再可以分解的红、橙、黄、绿、青、蓝、紫等单色光,而这些折射率不同的单色光又可以用凸透镜收集起来,重新聚成白光。因此,有两类颜色,一类是原始的、单纯的,另一类是由这些颜色组成的,而白光永远是组合成的。牛顿的这一理论在 18 世纪逐渐得到了物理学家的承认,然而,歌德在 18 世纪末和 19 世纪初还坚持着亚里士多德以来的陈旧观念,认为颜色是光明和黑暗这两个对立面结合的产物。他说,"要产生颜色,就必需有光明和黑暗、明亮与昏暗,或用概括的说法,必需有光与非光。首先,在光明中给我们产生一种颜色,我们称之为黄,在黑暗中给我们产生出另一种颜色,我们用蓝这个词加以表示。这两种颜色如果在其最纯粹的状态中加以混合,它们完全保持平衡,则会得出第三种颜色,我们称之为绿"①。如此类推,其他颜色也是来源于光明与黑暗的结合。歌德粗暴地攻击牛顿,说他的实验不精确,公式不合用,他的理论纯属幻想,这招致了物理学家们的普遍反感。但就在这个时候,黑格尔却认为歌德的理论符合于自己的思辨原则,因而站在歌德一边,成为向牛顿进攻的得力盟友②。

在黑格尔看来,"固定不变的光亮物体是白色东西,它还没有任何颜色;而物质化了和特殊化了的昏暗东西则是黑色东西。颜色存在于这两个极端之间;引起颜色的正是光明与黑暗的结合,具体地说,是这种结合的特殊化。在这种关系之外,黑暗是子虚乌有,而光也不是某种东西"③。颜色作为两种对立规定的这样的结合是合乎思辨的原则的,因为按照这个原则,概念既把自己的对立环节区分开,同时又把它们包含在它们的统一性里,它们既是自为存在的,同时又是相互映现的。在他看来,作为物

---

① [德]歌德:《颜色学》,《歌德全集》,恩·鲍伊特勒版,第 16 卷,第 22—23 页。
② 参看关洪:"牛顿、歌德和黑格尔",载《自然辩证法通讯》,1984 年第 4 期。
③ [德]黑格尔:《自然哲学》,第 274 页。

理学现象的颜色是现实的个体性物体固有的,作为生理学现象的颜色则是以一个主体为前提,是为他物而存在的,而这个他物就是我们这种有感觉能力的生物。因此,他说,"颜色部分地是完全主观的,是由眼睛变幻出来的;这是一种光明或黑暗的作用,是一种明暗关系在眼里的变形"①。他一方面竭力支持歌德,说"符合于概念的颜色说明,我们应该归功于歌德。他早年就对考察颜色和光发生了兴趣,后来特别从绘画方面做了这样的考察。他的纯粹的、质朴的天赋智能,即诗人的首要条件,必然会对牛顿的那种粗野的反思方式发生反感"②。另一方面,他又大肆攻击牛顿,说牛顿"认为光是复合的,这种观念简直与一切概念相对立,是最粗糙的形而上学"。"关于这套理论,我们无论怎么激烈批评,都不过分"。实际上,"决没有任何一位画家是牛顿派这样的傻瓜;画家们拥有红色、黄色和蓝色,由此制造出其他颜色"③。

　　关于黑格尔反对牛顿的正确理论的问题,恩格斯曾经评论道,"黑格尔从纯粹的思想构成光和色的理论,这样一来就堕入了普通庸人经验的最粗鄙的经验中去了……例如,他举出画家的色彩混合来反对牛顿"④。这一评论揭示了德国思辨自然哲学家在反对牛顿的颜色理论时所犯的错误的实质。当然,我们也应该看到,牛顿所说的颜色主要是光谱颜色,它仅仅是一般颜色的一部分,而关于一般颜色的度量问题是在麦克斯韦(J. C.Maxwell)提出光的电磁理论以后才开始得到解决的。另一方面,颜色感觉不仅是物理学研究的课题,而且也是生理学研究的课题。歌德对于各种不同环境下光线和色彩表现所作的生动细致的描绘以及黑格尔给予他的相应的支持,对于研究生理光学也不是没有参考意义。海森堡在谈

---

① 　[德]黑格尔:《自然哲学》,第 251 页。
② 　[德]黑格尔:《自然哲学》,第 282 页。
③ 　[德]黑格尔:《自然哲学》,第 273、271、279 页。
④ 　恩格斯:《自然辩证法》,《马克思恩格斯全集》第 20 卷,第 632 页。

到牛顿与歌德的颜色理论的对立时指出,"或许我们可以最正确地说,它
们所讨论的是实际事物的两个完全不同的层次",从现代物理学认识的
主观成分与客观成分的相互作用来看,"歌德反对物理颜色学的斗争,今
天还必须在扩大的战线上继续下去"①。

第三个问题是电的本质和电磁关系。谢林曾经认为,电在自然界是
"把两种对立的力表现为完全彼此相外地由界限区分开的阶段",两种力
分配到了不同的主体上,并且电"在其导体上扩展到了整个面上"②。黑
格尔继承与发展了这一观点。在他看来,电是物体固有的特殊活动,它虽
然像在磁里那样,可分为趋近与离散,但这种活动却不是出现在同一个物
体上,而是属于不同的物体。他说,"电是自相区分的无限形式,又是这
些区分的统一"。"一种带电物体只有一种电,而这一种电能把自身之外
的物体规定为相反的电。这就是说,在只有一种电的地方,也立刻会有另
一种电。但同一个物体并不像在磁里那样,在自身把自己规定为两极性
的"③。因此,他同意谢林把电称为分裂了的磁的说法。他从他的唯心辩
证法出发,对电的这种对立统一的性质感到十分有趣。他写道,"两种电
可以彼此分离,保留在不同的物体上。就此而言,电像磁一样,也出现了
这样的概念规定:活动就在于把对立的东西设定为同一的,把同一的东西
设定为对立的",只不过电还是一种抽象的活动,"它仅仅存在于紧张关
系或矛盾尚未得到扬弃的地方,所以矛盾的每一方都包含自己的另一方,
而另一方又同时是独立的"④。但另一方面,黑格尔也从他的内在目的论
出发,歪曲电的本质。他所谓的无限形式就是寓于物体内部的精神实体,

①　[德]海森堡:《严密自然科学近年来的变化》,上海人民出版社1978年版,第
69—73页。
②　[德]谢林:《先验唯心论体系》,第109—111页。
③　[德]黑格尔:《自然哲学》,第315—316页。
④　[德]黑格尔:《自然哲学》,第307页。

它总是分布在物体表面上,影响其他物体。因此,他认为,"电诚然是普遍的牺牲品,一切东西都有电,但这是一种模糊的说法,并没有指明电有哪种作用。反之,我们则把电的紧张关系理解为物体固有的自我性,它是物理的总体,保持着自身与另一种物体的接触"①。而在这种接触中,两种电就自己扬弃了自己,摆脱了它们那种不能持久的相互分立的状态,把自身结合为总体,即变为不带电物体的牺牲品。

在黑格尔的那个时代,自然科学还没有揭示出电的本质,还没有回答什么是电运动的真正物质基础,什么东西的运动引起电现象,因此,他在解释电的本质时发表了那些公式主义和唯心主义的看法,也是不难理解的。但另一方面,我们也看到在19世纪初叶仍然有一些物理学家坚持电是流体的观点,他们认为渗透到物体内部的电流质同外部的电流质相等,物体呈现中性,过多则呈现正电,过少则呈现负电。对于这种观点黑格尔是持否定态度的。他指出,"反思方法业已习惯于把物体个体理解为某种僵死的东西",因此"电就像经院哲学家所假定的各种玄妙莫测的质一样,表现为一种玄妙莫测的动因",其结果,"我们在这里得到的紧张关系的表现就不是归因于物体本身,而是归因于另一种物体,前一种物体则仅仅是装运后一种物体的工具。这后一种物体已被称为电质。于是物体就仅仅成了一种让电质在自己内部循环流动的海绵,因为物体性状未变,依然如故,只不过接受电质更容易一些或更困难一些罢了;这种现象竟然不是物体的内在作用,而仅仅是传导"②。在这里,黑格尔当然无法说明电到底是什么,但他否定了电的流质说,肯定了电是物体的内在作用,这就使人们有希望弄清楚物体的内部结构与电的现象的联系。

关于电的产生方式,大家知道,在古代人们早已观察到两种物体相互

① ［德］黑格尔:《自然哲学》,第310页。
② ［德］黑格尔:《自然哲学》,第309页。

摩擦，一种物体带正电，另一种带负电。1799 年伏打制成了能维持一定电流的电堆，为电学研究创造了条件。但电流是怎么产生的呢？在黑格尔那个时代，就存在着两种不同的观点。以伏打为代表的接触论认为，每种金属都包含着电流体，其张力各不相同，因而在两种金属相互接触时，电流体就会从张力高的金属流向张力低的金属，从而产生电流。以约·威·里特尔(J.W.Ritter 1776—1810)为代表的化学论则认为，在电池中金属和溶液的界面上发生的化学作用就是电流。黑格尔也参加了这场争论，他用他自己的语言提出了"电的差别是通过什么途径出现的"问题。但他对这个问题的研究结果却是错误的和不得要领的。第一，他把他的注意力主要是放在摩擦起电和接触电现象上，认为"凡是在两个物体相互接触的地方，尤其在它们受到摩擦的时候，到处都会出现电"①。他之所以维护了错误的接触论，也许还与他那种认为电分布在表面上的公式主义观念有联系。第二，黑格尔也考察过电池中发生的化学作用，但他认为电只是化学过程的一个抽象环节，决不能把这个过程里发生的一切变化都还原为电。因此，他认为那种把电和化学作用等同起来的化学论是不能接受的。他说，"只要把物体的化学规定性与正负电相等同，就立刻会表明这种做法本身是肤浅的和不充分的"②。在这里，他强调了化学属性的变化，而没有看到化学作用是电流的能源，因而对化学论采取了错误的态度。

第四个问题是化学过程以及它与电磁的关系。谢林曾经认为，在磁里两种分离的力结合到一个主体内，在电里两种对立的力分布到了两个不同的物体上，在化学过程里"两者将结合成一个共同的产物"，"两种力互相渗透"，化学过程是标志物质的长度、宽度和厚度的自然现象，是那种只寻求长度的磁和寻求面的电的补充③。黑格尔同样继承和发展了这

---

① ［德］黑格尔：《自然哲学》，第 311 页。
② ［德］黑格尔：《自然哲学》，第 340 页。
③ ［德］谢林：《先验唯心论体系》，第 111 页。

一观点。首先,磁、电和化学过程在谢林那里被认为是物质构造的三个阶段,在黑格尔这里换了一个说法,被认为是形态发展的三个阶段。黑格尔应用他的泛逻辑主义公式,把磁解释为尚未完备的、有统一性的形态,把电解释为有差别的形态,把化学过程解释为完整的、有物理规定性的形态,认为三者恰好代表了正题、反题和合题的逻辑发展进程。所以,"化学过程是磁和电的统一,磁和电则是这个总体的抽象的、形式的方面"①。其次,化学过程在谢林那里是两个对立面的相互渗透,在黑格尔这里则具有一种规定,那就是把有差别的东西设定为同一的,化为无差别的,而把同一的东西化为有差别的,把这种东西分解。也就是说,"作为总体的化学过程的一般本性是双重活动,即把统一体分离开的活动和把分离的东西还原为统一体的活动"②。

整个来说,黑格尔对于化学过程的分析在形式上还没有完全摆脱炼金术的残余,在内容上还落后于随着原子论开始的化学发展的新时代。在谈到倍比定律时,他攻击道尔顿将其结论隐藏在最坏的形而上学中,反对化学原子论。他又用他的泛逻辑主义公式强加于化学过程,说这种过程是由四类化学元素构成的,氮代表对立的统一,氢代表对立的肯定方面,氧代表对立的否定方面,碳代表对立的再统一。诸如此类的虚构确实是荒唐可笑的。不过,黑格尔在探讨化学过程与磁、电的关系时,也提出了一些很有趣的思想。他说,"磁、电和化学作用以前认为是完全分离的,彼此毫无联系,每一个都被视为一种独立的力量。哲学已经把握了它们的同一性的观念,但也明确地保留着它们的差别;物理学最近的表象方式看来又跳到了另一个极端,只认为这些现象有同一性,因此现在确实有必要坚持它们同时相互区别的事实和方式"③。这一评语很重要,因为它

---

① [德]黑格尔:《自然哲学》,第322页。
② [德]黑格尔:《自然哲学》,第329页。
③ [德]黑格尔:《自然哲学》,第232页。

概括了德国思辨自然哲学在物理科学中与形而上学思维方式作斗争的两个阶段。在前一阶段，即在 18 世纪末，在物理科学中占支配地位的思维方式认为磁、电与化学作用是一些互不相干的现象。针对这种观点，谢林认为磁、电和化学作用是自然界的矛盾发展。他说，"正是同一个普遍的二元性，从磁的两极性开始，经过电的现象，而终于消失于化学的复合体"①。黑格尔发展了谢林的这个思想，并且特别根据戴维进行的电化学研究（1801）和奥斯忒进行的电磁实验（1819），指出"在化学过程里，尤其是在电流化学过程里，也出现电的紧张关系；不过，电的紧张关系还引起一种带电的磁布局"②。在后一阶段，即在十九世纪初叶，当物理科学中出现一种坚持抽象同一性的思维方式，把电和化学过程等同起来时，黑格尔指出，按照这种思维方式，"在化学过程里出现的比重、内聚性、形态、颜色等等的变化，以及酸性、苛性、碱性等等的变化，都被置之度外，一切东西都沉没于电的抽象。然而，如果为了正电和负电，所有这些物体属性都可以被遗忘，那么，大家就再也不要责备哲学'抽掉特殊东西，坚持空洞共性'了！自然哲学昔日的一种做法是把动物再生的系统和过程提高——或毋宁说，消散和冲淡——为磁，把脉管系统提高为电，这种公式主义方法并不比现在把具体物体的对立还原为电的办法更加肤浅。在过去情况下，那种削减具体东西，忽视特殊东西，从而流于抽象的方法已经理所当然地受到了责备。在当前情况下类似的方法为什么不应受到责备呢？"③在这里，不管黑格尔的表述方式多么晦涩，不管他拥有的自然科学知识多么陈旧，但他坚持差别中的同一与同一中的差别，这就既超越了那种坚持抽象的差异性的思想，也超越了那种坚持抽象的同一性的思想。

---

① ［德］谢林：《自然哲学体系初步纲要》，《谢林全集》第 3 卷，第 258 页。
② ［德］黑格尔：《自然哲学》，第 323 页。
③ ［德］黑格尔：《自然哲学》，第 341—342 页。

第七章　有机学中的哲学问题

　　黑格尔的《自然哲学》第三篇论述了有机学中的哲学问题。他当时所谓的有机学就是我们现在所说的生物科学。按照他的哲学体系的结构，有机领域是从无机领域转化来的，这种转化可以比拟为从自然界的散文到自然界的诗词的过渡，其结果就是出现了自我性的、主观的总体，即把一切对立面结合起来的生命系统。这种系统把外在东西变为内在东西，把内在东西变为外在东西；它既以它自身为自己的目的，又以它自身为自己的手段；它既使自身成为主体，又使它自身成为自己的客体，并从这种客体回归到自身；因此，在生命系统这种圆满的总体里，作为结果的东西也是作为原因的东西。生命系统把内在东西和外在东西、目的和手段、主观东西和客观东西、结果和原因都统一到了自身，所以，"生命只能思辨地加以理解，因为生命中存在的正是思辨的东西"①。

　　对生命系统的特殊规律性的分析在黑格尔的自然哲学中占有十分重要的地位②。他认为，在无机界的力学系统或物理系统中，各个部分虽然也构成一种总体，但它们的联系是松散的，受着盲目的因果性的支配；反之，在有机界的生命系统中，各个部分则构成一种主观的总体，它们的联

---

　　①　[德]黑格尔：《自然哲学》，第 377 页。

　　②　参看拙作《德国自然哲学中的目的性与因果性》，载《论康德黑格尔哲学》，上海人民出版社 1981 年版，第 39—68 页。

系是有机的,受着内在的目的性的支配。盲目的因果性被视为直线式的因果联系,内在的目的性被视为圆圈式的因果联系。在前一种联系中,作为原因的环境作用于无机系统,往往造成毁灭这类系统的结果;反之,在后一种联系中,作为原因的环境作用于生命系统,这类系统还会改变环境所造成的结果,把它作为原因又反作用于环境。黑格尔写道,"主要的还是要注意到,把因果关系应用到自然有机生命和精神生活的关系上是不允许的。在这里,被称为原因的东西当然显得自身具有不同于结果的内容,不过,之所以如此,却是因为那个作用于有生命的东西的东西是由有生命的东西独立地决定、改变和转化的,因为有生命的东西不让原因达到其结果,这就是说,有生命的东西把作为原因的原因扬弃了"①。

黑格尔在分析生命系统的特殊规律性时,既否定了机械性因果联系在其中占支配地位,同时又不否认它从属于目的性的因果联系,既强调了生命系统受目的性因果联系的支配,又抛弃了外在目的性的观念。他指出,"当目的本身还处在客观性或总体概念的直接性范围里时,它仍然感受到这样的外在性,并且同它所涉及的一个客观世界相对立。从这方面看,在这种外在目的关系里,仍然表现出机械因果性(化学性一般也须包含在内),但这种机械性却是从属于目的关系的,是在其本身得到扬弃的"②。这里说的是在有机体与其外部环境的关系中机械因果性对内在目的性的从属情况,关于有机体的内部环境,也同样如此。黑格尔曾经将太阳系与有机体加以对比,指出太阳系的各个成员只在空间和时间上相互关联,服从于机械性的因果联系,有机体的各个部分还在物理的、化学的和生物的性质上相互关联,而服从于目的性的因果联系。用黑格尔的

---

① [德]黑格尔:《逻辑学》下卷,第220页。
② [德]黑格尔:《逻辑学》下卷,第429页。

话来说,"有机体把自己固有的环节变成自己的无机物,变成手段,有机体消耗自己的力量,自己生产自己,即生产各个经过分化的环节所组成的这个总体,因此每一环节都交替地既是目的又是手段,既靠别的环节保存自己,又在同别的环节的对立中保存自己"①。这种在有机体内部变为手段的环节对于作为目的的环节的从属关系也就是机械性因果联系对目的性因果联系的从属关系。

黑格尔将支配无机自然界的枢机称为"自然界的散文",这篇散文相当于拉普拉斯妖,它所把握的是直线式的因果联系或机械性的因果联系;黑格尔将支配有机自然界的枢机称为"自然界的诗词",这篇诗词相当于麦克斯韦妖,它所控制的是反馈式的因果联系或目的性的因果联系。两种因果联系可以用图式表示如下:

1.直线式因果链条

2.反馈式因果链条

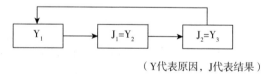

（Y代表原因,J代表结果）

在前一种因果链条中,原因产生结果,这个结果作为原因又产生另一结果,如此递进,形成单调的原因与结果的无限进展过程。在后一种因果链条中,原来的原因产生的结果,又作为新的原因反作用于原来的原因,把它当作结果,从而形成反馈式的因果联系,维持了生命系统的稳定性。这两种因果联系是康德在其《判断力批判》里明确提出来的,但关于它们在有机界中的结合问题,他却无法予以回答,而宣告了"这两种迥然不同的

---

①　[德]黑格尔:《自然哲学》,第525页。

因果性的这样一种结合的可能性是我们的理性所不能理解的"①。谢林曾经认识到,"有机体的根本特点是它仿佛摆脱了机械过程,它不只是作为原因或结果而存在的,而且是独立自主地维持其存在的,因为它自身本来就同时既是原因又是结果"②;但对于这种作为因果相互作用的内在目的性,他又认为不能用概念加以把握,而必须诉诸一种不可言传的理智直观。与此相反,黑格尔自觉地克服了康德的不可知论观点,避免了谢林丢掉逻辑东西的倾向,论证了两种因果联系的客观统一。他写道,在相互作用里"因果无限进展已经得到真正的扬弃,因为那种由因到果和由果到因的向外伸展的直线式无穷过程返回到了自身,转变成了圆圈式的过程"③。

黑格尔的这个思想是德国古典自然哲学达到的一个最完满的结果。恩格斯曾经指出,"黑格尔叫做相互作用的东西是有机体";他高度评价了黑格尔对于机械性与目的性的对立的解决,说"黑格尔本人把这整个对立看作完全被克服了的观点"④。如已经提到的,他赞扬了康德与黑格尔所谓的内在的目的就是对二元论的抗议。黑格尔的这个思想现在可以用控制论的反馈概念来解释。一切控制系统无论是天然的或人工的,都有一个共同的特点:具有克服熵增趋势的能力,可以相对地提高内部的组织程度,具体地说,系统的调节器使系统产生的行为结果反作用于系统本身,把调节量保持在能够使系统适应环境的偶然变化的限度里。这种反馈作用恰好相当于黑格尔所说的因果相互作用或内在目的性。当反馈作用的量值等于零时,反馈式的因果联系就还原成了直线式的因果联系;反之,如果这个量值大于或小于零,我们就会得到正反馈式的或负反馈式的

---

① 〔德〕康德:《判断力批判》,《康德全集》第 5 卷,普鲁士科学院版,第 422 页。
② 〔德〕谢林:《先验唯心论体系》,第 154 页。
③ 〔德〕黑格尔:《小逻辑》,第 319 页。
④ 《马克思恩格斯全集》第 20 卷,第 654、597 页。

因果联系。这就意味着,直线式的因果联系是反馈式因果联系的极限情况,反馈式因果联系是直线式因果联系的辩证扬弃。正是在这样的意义上,控制论的创始人维纳在他与他的合作者写的一篇奠基性论文中认为,目的论行为是"一种用来自目标的连续反馈去改变和指导行为客体的活动",它应被限定为"受负反馈控制的行为",而且这样一来,他所主张的目的论就失去了外在目的论的神秘含义,而不再同决定论相对立了①。不管这位美国数学家自觉与否,他的反馈概念实际上是对黑格尔在一个世纪以前所制定的因果相互作用范畴的科学证实。

黑格尔按照他的三段式,将生命系统划分为三个领域:首先是作为普遍主观性的地质有机体,即生命的尸骸与生命的基地;其次是作为特殊主观性的植物有机体,即正在开始的、比较真纯的生命;最后是作为个别主观性的动物有机体,即自为存在的、臻于完善的生命。这里的主观性是指具有内在目的性的总体,而所谓的普遍、特殊与个别则标志着这种系统在逻辑上的演进过程。这种划分虽然浸透了黑格尔的泛逻辑主义精神,但有其悠久的思想来源。大家知道,地球表面的有形体的东西之划分为矿物界、植物界和动物界,起源于亚里士多德,直到18世纪林奈(C.Linnaeus)还在其《自然体系》(莱顿1735年)中加以接受。不过在黑格尔的时代,地质学家已经发现,不同地质时代的沉积地层往往含有不同种类的生物化石,因此认为古生物化石的研究是划分地层的重要途径。就是在这种生物地层学开始居于支配地位的时代,黑格尔在采纳那种三分法时,把矿物界理解为生命的尸骸,理解为地质有机体,并把地质有机体视为埋藏在地下的过去的生命和产生新的生命的基地。所以,黑格尔把地质学划入有机学的范围,这是受他那个时代的地质学发展水平的制约的。

----

① 维纳、罗森勃吕特、毕格罗:《行为、目的和目的论》,载美国《科学哲学》,1943年第1期。

第一节　地质有机体

黑格尔对于地质有机体的哲学思考可以分为两个主要方面:第一,地质有机体作为生命过程的尸骸或自我异化了的生命,经历了哪些变化过程? 第二,地质有机体作为生命过程的基地或生命的无机自然界,是怎样产生出生命来的? 根据他对这两方面的哲学思考的结果,他同时还参加了地质学中的火成论与水成论、生物学中的自然发生说与生物嬗生说的论战。

与那种认为地球没有变化过程的形而上学观点相反,黑格尔发挥了赫尔德与施特芬斯的地质变化观点,认为地球的物理性状是经历了变化的。他说,"地球曾经有一段历史,即它的性状是连续变化的结果,这是它的性状本身所直接显示出来的。这种性状表示出一系列巨大变革,这些变革属于遥远的过去"①。而且他猜想到这种性状的改变也可能是由于地球受到太阳系中其他天体的影响的结果,所以他又认为,这些变革"也确实有一种宇宙的联系,因为地球的态势,从它的轴和轨道构成的角度来看,可能是被改变了的"②。

按照当时积累的地层学知识,黑格尔认为构成地壳的三个层系具有这样的性状:第一,原始岩层分裂为花岗石和石灰质。前者涉及内在地使其自身特殊化的差异,由致密完整的形态经过一系列过渡阶段,转化为原始泥质片岩;后者涉及外在的形态形成活动,只有微弱的改变,随后就在

---

① ［德］黑格尔:《自然哲学》,第385页。
② ［德］黑格尔:《自然哲学》,第385页。

与前者的共生活动中相互衔接,混合在一起。第二,由花岗石和石灰质转化而成的第二岩层,又分解为砂石层、粘土层、壤土层、石炭层、泥炭层、沥青片岩和石盐层,在这里随着花岗石成分更多地变成一种不确定的东西,互相分离的矿石以及它们所伴随的晶体也就愈加展现出来。第三,由第二岩层转化而成的沉积层是粘土、沙、石灰、灰泥的混合物,是全然缺乏形式的东西,在这里花岗石成分已完全丧失其矿物性状,石灰质明显地退化为泥炭。黑格尔把地壳的这种变化过程同生物的演进过程结合起来,认为"地球在其表面显示出它自身承负着过去的植物界和动物界,这两者现在都埋没在地下"①。在他看来,在直接沉积到原始岩层上的最老的构造层里,整个来说很少看到有海生动物硬壳,而只是某些类属的硬壳。但在较晚的第二岩层内,海生贝壳化石的数量和多样性就增加了,并且出现了鱼类化石。两栖动物、哺乳动物和鸟类的骨骸出现在最年轻的构造层内,而象、虎、狮、熊等四足动物的骨骸则仅仅浅埋在砂砾、泥灰岩或粘土之下。他认为,植物化石是在较年轻的构造层里出现的,在第二岩层内我们就可以看到树木的化石。黑格尔甚至于设想,原始泥质片岩是朝着形成植物有机体的方向变化的,原始石灰层系是朝着形成动物有机体的方向变化的,因此,这两者的"对立就指示了一种更高的有机区别,因为它们的界限一方面与植物自然界邻接,另一方面又与动物自然界邻接"②,而这种岩层相互转化的界限就是既非动物、亦非植物的有机形成物的所在之处。

关于地壳的变化过程与生物在其中的演进过程,黑格尔虽然也认识到它们的必然性,但又将这种必然性作了唯心主义解释,而反对用自然界自身发展的观点加以理解。在谈到地壳岩石中的成层构造时,他写道,

① ［德］黑格尔:《自然哲学》,第385页。
② ［德］黑格尔:《自然哲学》,第402页。

"既然自然界使这些层理作为一些部分,在不相干的彼此外在状态中形成层理,所以,自然界就会通过有差异的东西的互相转化,暗示出必然性;于是,对单纯的直观就出现了岩石种类的差异,不过这种差异并非仅仅是由于单纯逐渐递减出现的,而恰恰是按照概念的差异出现的"①。关于生物化石在各种地层中分布的次序,他也同样写道,"这种次序中具有某种更深刻的东西。地球过程的意义和精神是这些形成物的内在联系和必然联系,时间上的先后相继对此毫无补益。层系的这种次序所具有的一般规律是可以认识的,而要认识到这些规律,人们似乎无需历史的形式。重要的是从中认识概念的行进过程,这才是理性的东西,是唯独对概念有意义的东西"②。总之,黑格尔既看到地球曾经有一段历史,又认为它标志着概念的行进过程,而否认它是自然的发展过程,这就是他关于地质有机体的哲学思考的内在矛盾。

黑格尔正是基于这样的观点,评论了火成论与水成论之争。他说,"一个体系——火成论断言,地球的形态、层理和岩石种类应归因于火。另一体系——水成论也同样片面地说,一切都是水的过程的结果。四十年前在韦尔纳时代人们在这个问题上反复争论了许多。两种原理都必须承认为是本质的,但它们各自都是片面的和形式的。在地球的结晶过程中,火正像水一样,还是起作用的,在火山、水源和一般气象过程内都起作用"③。在他看来,岩层的形成是地质有机体中理念的无限创造力延续不断的活动的结果,水和火的作用完全是一些个别方面,它们并不能表现地质有机体的骚动,因此,无论是以詹·赫顿为代表的火成论学派,还是以亚·哥·韦尔纳为代表的水成论学派,都是仅仅说明了一部分岩层的成因。在这里,黑格尔用理念的无限创造力来代替尚未认识的地质构造作

---

① ［德］黑格尔:《自然哲学》,第 396 页。
② ［德］黑格尔:《自然哲学》,第 389 页。
③ ［德］黑格尔:《自然哲学》,第 384 页。

用,这当然是唯心主义的臆造,但他肯定了火成论与水成论各自具有的真理性,同时又指出了它们的片面性,这种态度还是公允的。

关于地质有机体作为生命的基地如何产生出生命的问题,黑格尔是这样设想的:地质有机体是绝对普遍的化学过程,它由大气、海洋和土地组成,原来不过是自在的生命力,而要发展出真正有生命力的东西,就必须扬弃它自身,使化学的东西在真正有生命力的东西中丧失自己的绝对意义,只是作为环节而继续存在。具体地说,黑格尔是这样设想的:第一,大气给予地质有机体以生气,但"这种赋予生气的活动只是主观性作为有生命的东西在地球上出现的现实可能性"①。同时,大气不仅会变成对生物有益的东西,有时也会变成对生物有害的东西。第二,海洋作为有机的东西,到处都表明自己是创生的,是一个有生气的过程,"这一过程总是准备发生生命"②。一方面,海洋是"一种不可估量的、无边无际的光海,这种光海由一些纯粹有生命力的点构成,这些点并不进一步形成有机体。如果将水同这些有生命力的点分开,其生命力就立即衰亡,这时留下的是一种胶状的粘液,即植物生命的肇端,海洋从上到下都充满这种东西"③。另一方面,"海洋还进一步向上达到一定的形成物,达到鞭毛虫和别的微小的软体动物,它们是透明的,有较长的生命,但具有一种还极不完善的有机体"④。第三,与海洋一样,"土地表明有无限普遍的孕育力"⑤。如果说海洋主要是长出动物生命,那么土地宁可说是长出植物生命。只要有土壤、空气和湿度,就会长出一种很低级的植物生命。不过,土地的孕育力要比海洋的孕育力低得多,从土地中长出的很低级的植物

① ［德］黑格尔:《自然哲学》,第406页。
② ［德］黑格尔:《自然哲学》,第408页。
③ ［德］黑格尔:《自然哲学》,第409页。
④ ［德］黑格尔:《自然哲学》,第409页。
⑤ ［德］黑格尔:《自然哲学》,第411页。

生命往往是一些无机兼有机的形成物。黑格尔的这些设想是在弗·维勒（F.Wöhler 1800—1882）尚未用氰酸与氨合成尿素,打破无机物与有机物之间的人为鸿沟时提出的,是在研究生命起源的生物学尚未获得可靠的知识时提出的,因此就不免带有某些唯心主义的观点,承认在地球的化学过程本身有什么自在的生命力。但是,他主张"生命是一种不断造成的化学过程"①,化学过程会成为向生命物质这个更高的领域的过渡;"有机的地球的形成就包含着它的有机生命的定在方式"②,在它的历史中必然会发展出生命来——他的这些思想是有助于探索生命在地球上的起源的。

关于生命在地球上的起源的方式问题,在科学史上自然发生说与生物嬗生说持对立的观点。自然发生说认为,生命是在长期的历史发展中从非生命物质产生出来的,生物嬗生说则认为一切生命都是来自有生命的东西。威·哈维（W.Harvey 1578—1657）在其《关于生物发生的实验》（伦敦 1651）中曾以"一切来自卵"为本书的卷首插画的题词。1668 年弗·雷蒂（F.Redi 1626—1698）用实验证明,与通常设想的相反,肉上的蛆虫并不是自发地从腐烂的肉中生长出来的,而是来自苍蝇生的卵。生物嬗生说从此逐渐在生物学中占了上风,而自然发生说则每况愈下。但在黑格尔的时代,这两种观点的对立依然悬而未决。关于这个问题,黑格尔是用他那特有的思辨逻辑语言,依靠一些当时流行的生物学知识加以回答的。他认为,极不完善的生物是普遍性的生物,是在陆地和海洋上迸发出来的点状的、暂时的生命,诸如地上的霉菌和海里的大群发磷光的生命点。一方面,这些生命物质虽然已经在自身有机地组织起来,但"只是限于这类点状的有机化,而这种有机化并没有在自身内使自己发展到特

---

① ［德］黑格尔:《自然哲学》,第 371 页。
② ［德］黑格尔:《自然哲学》,第 406 页。

定的有机区分,还没有使它本身 ex ovo〔从卵〕产生"①。另一方面,作为这些生命物质的他物的地质有机体,也是普遍的东西,而"这种普遍性因为其自身也是生命,所以就通过其自身以自然发生的方式转化为有机的东西"②。他认为,进一步完善起来的生物是个体性的生物,是真正的有机生物,它虽然还处于贫乏的机体区分过程中,但已经是"稳定的、在自己内部得到映现的存在,这种存在并不是像真菌,像没有个体性的胶状物或地衣那样,从土里发生"③,相反地,它的各个个体都通过它们的被扬弃而完成于类属,并且转化为后代的生成,因此"这种生物以其类属而延续自身"④。黑格尔由此得出结论说,"海洋和陆地所显示的赋予生气的活动的一般形式是 generatio aequivoca〔自然发生〕,然而达到个体存在的、真正的生命力却以其同类属的另一个体为前提(generatio univoca〔物种产生〕)"⑤。黑格尔并没有解决自然发生说与生物嬗生说的对立,不过他能够从生命的进化过程去寻求答案,这是十分可贵的;至于他把没有茎叶、不含叶绿素的真菌,甚至把作为菌藻共生体的地衣当作最原始的植物生命,这当然是落后于当时生物学发展的水平的。

第二节　植物有机体

在黑格尔从哲学方面考察植物有机体的年代里,植物学的研究一方

---

① 〔德〕黑格尔:《自然哲学》,第404—405页。
② 〔德〕黑格尔:《自然哲学》,第417页。
③ 〔德〕黑格尔:《自然哲学》,第417页。
④ 〔德〕黑格尔:《自然哲学》,第418页。
⑤ 〔德〕黑格尔:《自然哲学》,第408页。

面刚开始应用消色差显微镜观察细胞,探讨植物的结构和机能,另方面在德国的土地上还没有克服歌德那种认为叶子是各种植物的原型的思辨观点。作为这种情况的反映,黑格尔对植物有机体所作的考察既充斥了大量不成熟的观察结论,又包含着许多主观的哲学构想。

整个来说,在黑格尔的视野里,植物有机体是正在开始的、比较真纯的生命力。植物作为主体,已经展现出自己的各个部分,使自己形成一个整体;植物作为主体,已经使自己成为自己的他物,在与他物的相互作用中保持自己;植物作为主体,能阻止自身的生长,完成向自己的回归,达到新个体的创造。因此,黑格尔在谈到植物有机体时宣称,"主观性现在把自己发展成客观的有机体,发展成作为一种躯体的形态"①,认为这种有机体就是他所谓的理念或概念的一种实现。但黑格尔也同时认为,作为概念的主观性与这种客观的有机体的同一性仅仅是直接的,并没有经过中介,因此,植物有机体往往超出自身,过度地依赖那种作为他物的无机自然界,它的各个部分还没有展现出真正的有机区分,只呈现为表面的统一,以至这些分裂的部分往往可以单独生殖,而且同样是一些有机个体。所以,黑格尔认为"植物是软弱幼稚的生命"②,而不是更高级或更发展的有机体。

具体地说,黑格尔把植物有机体的过程分为三个相互关联的过程,对它们作了详尽的分析。第一个过程是形态形成过程,即我们所说的个体发育的过程。黑格尔认为,这是"植物有机体在它自身内的过程,个体同其自身的关系。在这一关系中,个体自己消耗自己,使自己成为自己的无机自然界,并通过这种消耗活动从自身内创造自己"③。被他选为范例的是被子植物的个体发育,被他当作这种发育的起点的是胚的发芽。胚吸

---

① ［德］黑格尔:《自然哲学》,第418页。
② ［德］黑格尔:《自然哲学》,第420页。
③ ［德］黑格尔:《自然哲学》,第445页。

收水分后会发生什么变化,黑格尔不清楚,而只是认为"吸收水分同时就是使水接触生命的力量,以致水立即被设定为一种有机生命所渗透的东西"①。种子埋在地下开始发芽,也使他感到很神秘,说什么"种粒有一种威力,这种威力能用咒法召唤土地,使土地的力量为它服务"②。从历史上流传下来的、由阿·哈勒作了经典表述的预成论认为,成熟机体的一切部分都已经以紧缩的形式存在于胚中;黑格尔认为这种观点并非没有道理,所以他说,"胚的发展起初是单纯的生长,单纯的增殖。它潜在地是整个植物,是微小的树干等等。各部分已经完全形成,只不过将获得扩展、形式重复、硬化等等罢了。因为将来生成的,现在已经存在;或者说,生成是这种单纯表面的运动"③。然而,卡·弗·沃尔弗在其《发生论》(1759 年)中提出,机体的各种复杂的、性质不同的结构都是由最初的简单同质的组织经过分化而发育出来的;这种渐成论观点在黑格尔看来也有道理,所以他接着就说,"但生成同样也是一种质的分化和形态形成过程,而这样一来也就是一个本质的过程"④。理念要按照自己的原型造成有机界的变化,同时这一变化还包括质的分化,这就是黑格尔调和预成论与渐成论的哲学根据。关于这个本质的过程,黑格尔是从两个方面加以考虑的。第一是它向着土地的分裂,结果在叶与根之间出现了茎,这叫做向外的过程。第二是更细致的分裂,即植物自己把自己分为木质、导管等等,这叫做向内的过程。生命的汁液流动于植物体内,随后转化为产物。在这里,黑格尔又重申植物是按照其本性改变进入自身的化学物质的。他说,"从外部以化学方式作用于生物的东西,会由于这种作用而直接被改变。因此,有生命的东西直接克服着那胆敢以化学方式发挥作用的妄

---

① [德]黑格尔:《自然哲学》,第 447 页。
② [德]黑格尔:《自然哲学》,第 448 页。
③ [德]黑格尔:《自然哲学》,第 448 页。
④ [德]黑格尔:《自然哲学》,第 448 页。

举,并在他物进行的这种作用中保存自身。它直接毒死和改变这一他物,正像精神直观到某种东西时也就去改变这种东西,使这种东西成为自己的东西一样"①。最后,这一过程则以个体在自身内的重演,即另一植物的创造而告终。

第二个过程是个体与外在自然界对立的特殊化过程,即我们所说的新陈代谢过程。在这种过程中,"有生命的东西不是在它自身拥有自己的他物,而是将这种他物作为一种独立的他物;它本身不是自己的无机自然界,而是发现无机自然界作为客体已在它面前,以偶然性的外观出现在它面前"②。黑格尔忽略了土壤中可被植物吸收的各种元素,错误地认为"绝大多数植物不需要把土用作自己的营养"③。因此,他所谓的无机自然界也只有光、气和水三项。在他看来,光是支配植物的最高力量,植物在它与光的关系里,为它自身构造自己。正是依靠光,植物才在各个方面变得有力,变得有色有香;如果离开光,植物诚然也会长得更大,但还是无色无味。在他看来,植物与气的相互作用最接近于化学过程,在这个过程中,植物白天吐出氧气,夜间吐出二氧化碳,从而改变了空气。"这里发生的是一种完全的变化,是一种通过生物的威势造就东西的活动,因为有机生命正是支配无机东西,改变无机东西的威力"④。在他看来,植物用水就可以同样很好地活下去,水是植物真正的营养资料。限于当时植物学的发展水平,黑格尔并不真正理解植物与其外在环境的相互作用过程。不过,他已经由此看出,植物的生活是以无机营养为主,植物的新陈代谢是自养型的,因为"植物涉及的外在自然是元

---

① [德]黑格尔:《自然哲学》,第 455—456 页。
② [德]黑格尔:《自然哲学》,第 445 页。
③ [德]黑格尔:《自然哲学》,第 478 页。
④ [德]黑格尔:《自然哲学》,第 472 页。

素,而不是个体化的东西"①,反之,动物的生活则是以有机营养为主,动物的新陈代谢是异养型的,因为"植物是一种从属性的有机体,这种有机体的使命是把自己呈献给更高级的有机体,以便让更高级的有机体加以享用"②。

第三个过程是类属过程,即消耗个体、保存类属的活动。黑格尔认为,在植物有机体中,"类属过程作为个体性自我同自我的关系,作为向自己的回归,能阻止生长,这种生长是本身无止境地从芽向芽的往外萌发滋长"③。他错误地把植物的繁殖方式完全看作无性的,而否认了植物的有性繁殖。他虚拟了一个性别标准,即对立的内在生殖力贯穿于全体并达到饱和的程度。据此他认为,在植物有机体中,"不同的个体不能看作有不同的性,因为它们没有完全为它们的对立的本原所影响,因为它们的对立的本原没有完全渗透在它们之内"④。在他看来,植物的保存自身只是它自身的增殖,传粉受精完全不是必然的。因此,类属过程在植物中只是形式的东西,对植物的本性来说没有什么重要性,而只有在动物有机体内才有其真实的意义。

黑格尔对于植物有机体所作的考察,旨在说明"植物的生理机制必然表现得比动物的生理机制更暧昧,因为植物的生理机制比较简单"⑤。在植物中,形态形成过程、新陈代谢过程和类属过程并不像在动物中那样明显地区分开,而是彼此交织在一起的。而且这些过程也不甚发达。他认为,就形态形成而言,一株植物是许多个体的一种聚合体,这些个体作为植物的构成部分可以是完全独立的,反之,构成动物的内脏和肢体则是

---

① ［德］黑格尔:《自然哲学》,第 469 页。
② ［德］黑格尔:《自然哲学》,第 488 页。
③ ［德］黑格尔:《自然哲学》,第 476 页。
④ ［德］黑格尔:《自然哲学》,第 479 页。
⑤ ［德］黑格尔:《自然哲学》,第 430 页。

不独立的,它们只能完全存在于和整体的统一性之内。他认为,就新陈代谢而言,在植物中同化作用经过的中介不多,外在的物质总是直接变成另一种物质,反之,在动物中同化作用经过许多中介,一种物质向另一种物质的转化是相当复杂的过程。他认为,就类属过程而言,在植物界里一个个体的形态形成直接就是新个体的创造,而在动物界里个体的形态形成则与类属过程有明显的区分。总之,在黑格尔看来,植物有机体也不过是正在开始的生命。

　　结合着对于植物的个体发育的考察,黑格尔评述了歌德的《植物的变形》的主要思想。他说,植物这一总体在其完善状态中,具有根、茎干、枝、叶、花和果实,歌德的意趣就是要指明植物的所有这些有差别的部分何以是一种单纯的、自身封闭的基本生命,而一切形式都不过是同一个同一性的基本本质的外在改变。歌德把叶视为一切形式所具有的这种统一性,描述了具有叶的特征的胚过渡到茎,茎上长出叶,叶随后转化为花萼,最后变为果实与种皮。这在黑格尔看来是符合于他所支持的预成论的,是符合于他所主张的理念原型的,因此,他赞誉了"歌德曾经以巨大的自然鉴别力把植物的生长规定为同一形成物的变形",嘲笑了"植物学家们对这一著作漠然处之,而且不知道该用它做些什么"①。但是,歌德只把植物的个体发育归结为叶的变形,认为这种变形中出现的区别只是扩张与收缩,这在黑格尔看来又是与理念所造成的质的分化不一致的,是与他所理解的渐成论的合理内容抵触的,因此,他同时也指出"变形只是一个方面,它不足以穷尽整体。形成物所具有的区别也必须加以注意,由于区别,真正的生命过程才会出现"②。黑格尔作出这种评论的立脚点还是他那试图调和预成论与渐成论的对立的立场。

---

① ［德］黑格尔:《自然哲学》,第435页。
② ［德］黑格尔:《自然哲学》,第443页。

第三节　动物有机体

在黑格尔看来,动物有机体是自为存在的、臻于完善的生命力。动物作为主体,虽然也像植物一样,使自己的各个部分形成一个整体,但与植物不同,这些部分不能单独生殖,如果离开了整体,就不成其为有生命的东西;动物作为主体,虽然也像植物一样,使自己成为自己的他物,在与他物的相互作用中保持自己,但与植物不同,这种相互作用在动物中经过许多中介;动物作为主体,虽然也像植物一样,能达到新个体的创造,但与植物不同,这种创造在动物中是真正的有性生殖。因此,黑格尔认为,只有动物有机体才是真正的有机系统,才是理念与实在、灵魂与躯体达到真正统一的有机体。

黑格尔具体地刻画了动物有机体的三个过程。关于形态形成过程,他首先继承谢林的思想,认为动物具有感受性、应激性和再生的功能,感受性是指动物主体受到他物的触动,把他物变为自己的东西,应激性是指感受的主体向外发出的反作用,再生是前两个功能的统一,即把外在的东西变为主体的东西和把主体的东西变为外在的东西。其次,他按照这三个功能,考察了动物的骨骼系统、神经系统、呼吸系统和消化系统等等,认为在动物机体中,"组织越完善,就是说,功能的分工越精细,它们之间的相互依赖关系就越加强"①。最后,黑格尔的意趣还在于证实动物形态的思辨本质,他说"形态作为活着的东西,实质上就是……在其自身内形成形态的过程;在这一过程中有机体把自己固有的环节变成自己的无机物,

---

① 〔德〕黑格尔:《自然哲学》,第 529 页。

变成手段,有机体消耗自己的力量,自己生产自己,即生产各个经过分化的环节所组成的这个总体,因此,每一环节都交替地既是目的又是手段,既靠别的环节保存自己,又在同别的环节的对立中保存自己"①。

黑格尔把动物与无机自然界的相互作用划分为理论过程和实践过程。所谓动物的理论过程就是对外部无机自然界所采取的澹泊的感觉过程,它一方面允许外在东西持续存在,另一方面又把外在东西转化为一种观念东西,而这两种东西就其内容而言是相同的,只是形式不同而已。因此,黑格尔所说的这种理论过程实际上就是动物反映外部世界的感性活动。所谓动物的实践过程就是对外部无机自然界的独立存在物的改变和扬弃,即动物按照内在目的进行的本能活动。这种活动有一部分是无机界的形式的同化,即把符合于目的的外在形式赋予外界材料,使这些客观的东西得以长期存在,如修筑鸟窝和兽穴,另一部分则是无机界的现实的同化,即把外界的个体化东西变为属于动物躯体的转化过程,如消化和呼吸,它们经过动物躯体的许多中介环节,使化学的东西得到扬弃,而转变为生命物质。同时,这种活动还以排泄或呼气的方式,把动物自身中的东西转变为外在的东西。因此,黑格尔所谓的这种实践过程有一部分是动物靠本能构筑驻地的活动,有一部分是动物和生存环境交换物质与能量的活动。在黑格尔看来,动物与无机自然界相互作用的实质就在于"它同化无机自然界,靠牺牲无机自然界生产自己"②。

黑格尔在刻画动物的类属过程时,考察了三个问题。第一个问题是性别的形成。他认为,性别关系是开始于需求的过程,因为个体作为个体是不符合于内在的类属的,于是就需要通过同他物的结合,使类属繁衍,而这个他物就是异性个体。他根据雅·菲·阿凯尔曼(J. F. Ackermann

---

① [德]黑格尔:《自然哲学》,第525页。
② [德]黑格尔:《自然哲学》,第569页。

1765—1815)解剖两性体所得的结果,指出雄性与雌性的"形态最初就有同一性,因此雄性器官和雌性器官是以同一原型为基础的,只不过在这种生殖器中是这一部分构成本质的东西,在那种生殖器中则是另一部分构成本质的东西,雌性的本质东西必然是无差别的成分,雄性的本质东西则必然是分为两部分的、对立的成分"①。黑格尔在这里谈的是雄雌生殖器官的同源关系,他的意思是说,在胚胎早期,两性器官具有同一原型,后来一种性器官发育为有机能的生殖器官,另一种则退化不显,因此在雄体中可以看到退化的雌性器官,在雌体中也可以看到退化的雄性器官。而他所谓的无差别成分和对立成分则纯属猜想,因为他认为雌性包含物质因素,是被动的,处于不发达的统一体中,雄性包含观念因素,是主动的,处于发达的统一体中。

第二个问题是动物的分类。黑格尔要求,分类的原则应该从被分类的对象的本性中提取出来,只有这样,分类才是自然的,而不是纯粹人为的。他高度地评价了十九世纪初法国生物学家在动物分类方面做出的成就,指出他们不是着眼于建立所谓的人工体系,而是通过加工大量的观察材料,打开了认识动物的客观本性的广阔眼界。不过,他是按照德国自然哲学的传统来考虑这个问题的。在他看来,"世界上只存在一个动物原型,所有的差别只不过是这一原型的变化形态"②。自然界展现出这个原型,有一部分是在其从最简单的组织到最完善的组织的各个不同发展阶段中展现出来的,有一部分则是在不同的无机自然环境和条件下展现出来的,而这个原型就是取决于概念的普遍东西。就前一种展现动物原型的情况而言,黑格尔认为物种形成的阶段发展过程以不发达的动物为开端,这种动物的器官和系统还没有明显的分化,只有分化的趋势越明显,

① ［德］黑格尔:《自然哲学》,第573页。
② ［德］黑格尔:《自然哲学》,第580页。

动物才越发达,而人作为在一切方面都最完善的有机体,是最高的发展阶段。他由此得出一条动物分类原则,说它"比较接近于理念,系指动物的每个更进一步的发展阶段只不过是唯一动物原型的一个更进一步的发展"①。他根据这条原则把动物分为 a) 蠕虫、软体动物和贝壳动物,b) 昆虫及 c) 脊椎动物,并且认为居维叶对各个肢体彼此的和谐性所作的考察也同样发展了这一原则。就后一种展现动物原型的情况而言,黑格尔认为高等动物物种的形成在很大程度上受自然环境的影响,因此这里必定存在着另一条分类原则,它"是指有机原型发展的阶梯同动物生命被投于其中的自然元素有本质联系"②。他根据这条原则,把脊椎动物分为 α) 以水为自然环境的鱼类,β) 部分地以土、部分地以水为自然环境的爬行动物或两栖动物,γ) 委身于空气的鸟类及 δ) 以其牙齿、脚、爪和喙对付自然环境的陆地动物哺乳类。并且他认为,拉马克主张自然环境的变化导致动物形态的变异,正是体现了这条分类原则。总之,黑格尔在动物分类问题上强调了物种形成的过程是作为动物原型的理念在自然界得到实现的过程,而充分体现理念的发达有机体是理解不充分体现理念的不发达有机体的尺度,并且认为居维叶与拉马克的不同观点是可以相互补充的。

第三个问题是动物的生死。黑格尔并不把动物看作一种绝对稳定的有机系统,而是认为它本身就包含着疾病与死亡的内在可能性。他说,"健康就是有机体的自我与其特定存在的平衡,就是所有器官都在普遍的东西里流动;健康就在于有机东西同无机东西有平衡的关系,以致对有机体来说并没有自己无法克服的无机东西存在。疾病并不在于某种刺激对于有机体接受刺激的能力太大或太小;反之,疾病的概念在于有机体的

---

① 〔德〕黑格尔:《自然哲学》,第 580 页。
② 〔德〕黑格尔:《自然哲学》,第 580 页。

存在同有机体的自我不平衡。这种不平衡并不是有机体内相互分离的因素之间的不平衡，因为这些因素都是一些抽象的环节，它们不可能分离"①。他把有机体的自我解释为精神的普遍性，把有机体的存在解释为物质的个别性，认为这两者在动物中总是处于不符合状态，而这种状态就是动物原初就有的疾病和与生俱来的死亡的萌芽。黑格尔的这些思想是有其历史来源的。德国自然哲学的先驱帕拉采尔苏斯曾经认为健康的人体是一个处于平衡状态的化学元素系统，疾病可能是由于元素之间的不平衡引起的。谢林改造了这一思想，断言"有机体总是有毛病的，因为理智在自己的创造中不是自由的，而是受规律的限制和强制的"。"病痛的感觉无非是由于失去了理智与其有机体之间的同一性而产生的"，反之，"健康的感觉就是对理智完全灌注灵机于机体的感觉"。但"由于按照自然规律必然会有一个时刻，有机体作为一种用自己的力量逐渐破坏自身的创造物，不得不停止其为外部世界的反映，所以，有机体和理智之间的同一性的绝对废除（这在疾病中只是局部的），即死亡，就是一种自然变故"②。在这里，如果把谢林的无意识地创造自然的理智换成黑格尔的外化为自然的理念，那么，黑格尔对于谢林的继承与发挥就是十分明显的。黑格尔依据当时所能拥有的经验知识，分析了疾病的起源、种类与相应的疗法，指出有机体经过适当的治疗，虽然可以从疾病中恢复健康，但它的精神的普遍性与物质的个别性相反，依然是否定的力量，它总是受着这一否定力量的强制，而归于毁灭。换句话说，"有机体是不断向着没有对立的状态发展的，这种状态就是死者的安息，而死亡的这种安息克服了疾病中存在的个别性与普遍性不符合的状态"③。他深刻地揭示了生与死的辩证关系，肯定了生命本身就具有死亡的萌芽，生命的活动就在于加速生

---

① ［德］黑格尔：《自然哲学》，第595页。
② ［德］谢林：《先验唯心论体系》，第156—157页。
③ ［德］黑格尔：《自然哲学》，第614—615页。

命的死亡。对于这种辩证的生命观,恩格斯作出了高度的评价,说"在这里只要借助于辩证法简单地说明生和死的性质,就足以破除自古以来的迷信"①,即关于灵魂不死的说法。

这样,黑格尔就在他的《自然哲学》的结尾宣布,理念突破了物质的个别性与精神的普遍性的不符合状态,从自然过渡到了精神。他的这个结论同样具有两重性。一方面,他以辩证发展的观点考察了动物有机体隐藏着解体的必然性,肯定了有生命的东西一定会死亡,而且死亡的正是生命力,这个思想如果用唯物主义加以改造,那就会像恩格斯所说的,意味着对灵魂不死的迷信的否定。但另一方面,黑格尔又是用他的客观唯心主义解释从自然事物向精神的过渡,认为精神、理念是永恒不朽的,它不仅作为从自身铸造自然的理念存在于自然之先,而且经过在自然界的一系列表现以后,终于从这种感性东西的外壳中解放出来,作为从自然产生的自由精神存在于自然之后。正是在这样的意义上,他把精神比作埃及神话中的长生鸟芬尼克斯,说"这不死之鸟终古地为它自己预备下了火葬的柴堆,而在柴堆上焚死它自己;但是从那劫灰余烬当中,又有新鲜活泼的生命产生出来"②。因此,黑格尔的这个思想又是与那否定灵魂不死的涵义相互矛盾的。总之,他关于从自然过渡到精神的结论与唯物主义者关于思维着的精神产生于自然界的最高发展阶段的学说决不可同日而语。

---

① [德]恩格斯:《自然辩证法》,《马克思恩格斯全集》第 20 卷,第 639 页。
② [德]黑格尔:《历史哲学》,王造时译,商务印书馆 1956 年版,第 114 页。

第八章　黑格尔自然哲学的历史命运

　　黑格尔的自然哲学是在 19 世纪 20 年代最后形成的。在这个时期，随着德国资本主义工业的发展，德国的自然科学研究已经逐渐抛弃了思辨自然哲学，转而注重经验和实验。如果说德国的自然科学研究在 17 世纪和 18 世纪由于经济上的不发达而落后于英国和法国的话，那么在这时它已经在生产实践的推动下显示出了复兴的端倪，开始走上了蓬勃发展的征途。黑格尔并不认识这个客观进程，以为德国自然哲学的衰落完全是由于它被谢林派自然哲学家糟蹋坏了。他痛心疾首地写道，"自然哲学正在遭到特别巨大的厌恶。我不想详尽谈论这类反对自然哲学的偏见在多大程度上格外有理，不过我也不能完全避而不谈这个问题。自然哲学观念，如它在新近时期已经展示出来的那样，可以说当它的发展给人以最初步的满足时，就被那些生手草草抓去了，而没有得到思维理性的精心保护，而且它与其说是遭到自己的反对者的沉重打击，还不如说是遭到自己的拥护者的沉重打击"①。因此，他比任何德国自然哲学家都用了更大的力量，详细地研究当时的自然科学成就，力图把丰富的经验材料和高度的思辨构想结合起来，以期扭转自然哲学日益衰落的趋势。

　　然而，黑格尔的努力不仅没有达到预期的目标，而且也没有得到谢林

---

　　①　［德］黑格尔：《自然哲学》，第 1 页。

自然哲学曾经享有的盛誉。如果说谢林自然哲学问世以后,还获得了许多哲学家与自然科学家的拥护,那么黑格尔自然哲学诞生以后,则不仅没有获得这样的拥护,而且遭到了越来越多的奚落,以至不得不同谢林自然哲学一道归于沉寂。就哲学领域的情况而言,当黑格尔还在世的时候,无论是他的拥护者还是他的反对者,都不甚注意他的自然哲学著作。在他逝世以后,随着自然科学取得一个又一个的辉煌成就,他的自然哲学越来越被认为失去了价值。在这样的情况下,尽管黑格尔哲学的继承者卡·路·米希勒在其《哲学体系》(五卷本,柏林 1876—1879)中大力阐述黑格尔的自然哲学思想,安·韦拉(A.Vera)把黑格尔《自然哲学》译为法文(三卷本,巴黎 1863—1866),并在其《黑格尔自然哲学引论》(巴黎 1863)中加以介绍,但他们都没有在哲学家当中引起什么反响。同样,黑格尔哲学的批评者弗·克·西贝林(F.C.Sibbern)虽然在其《评黑格尔哲学》(哥本哈根 1838)中批判了黑格尔的某些自然哲学观点,也没有在哲学家当中引起什么争论。

　　对黑格尔自然哲学的真正重大的打击是来自当时的自然科学领域。黑格尔与其直接的先驱谢林用哲学的遐想代替科学的研究,热衷于构造想象的体系,这种崇尚抽象思辨的风气引起了自然科学家的反感。著名化学家尤·李比希(J.Liebig)在年轻时曾经是谢林自然哲学的拥护者,后来在回顾这个阶段的时候说道,"我也经历过这个时期,它充满了空话和幻想,但就是缺乏真正的知识和确实可靠的研究;它浪费了我两年宝贵的生命。当我从这个陶醉状态清醒过来以后,我真无法形容我所感到的厌恶"①。他把德国自然哲学叫作"罗织为自然科学扇子的退化研究"。著名生物学家马·施莱登(M.Schleiden)说,"在独断论歧途上陷于紊乱的哲学家,特别是谢林派和黑格尔派的哲学家",是与自然科学相对抗的。

---

① 转引自奥斯特瓦尔德:《自然哲学讲演录》,莱比锡 1905 年,第 1 页。

黑格尔的自然哲学"形成一连串粗疏的经验错误,毫无价值的批判或不加任何评价的引文堆积"①。德国著名数学家约·卡·弗·高斯(J.K.F. Gauss)在给友人舒马赫的信中指出,"您不大相信职业哲学家们的概念和规定中的混乱,这不大奇怪";"即使您看一看现代哲学家——谢林、黑格尔以及他们的同谋者,您也会由于他们的规定而毛发悚然"②。德国自然科学家阿·封·洪堡特(A.V.Humboldt)把黑格尔和谢林的自然哲学流行的时期概括为在自然科学方面"一个仅仅值得遗憾的时期,德国远远落后于英国和法国的时期"③。他以当时德国化学研究的情况为例,指出自然哲学家们都是力求不弄湿双手,而用思辨方法解决一切问题的。著名物理学家赫·鲁·费·赫尔姆霍茨(H.L.F.Helmholtz)在总结黑格尔哲学与自然科学家的这种牴牾时说,"黑格尔自然哲学是完全没有意思的哲学,至少对于实验自然科学家来说是如此。当时在许多杰出的实验自然科学家当中,甚至找不到一个是同黑格尔自然哲学建立了友谊关系的"④。

　　黑格尔完成了德国思辨自然哲学,可是他在自然科学家当中遭到了普遍的厌恶。他的自然哲学确实包含着许多常识错误、虚构和幻想,从这方面说,它得到这种遭遇,也不是偶然的。然而这并不是自然科学家反对黑格尔自然哲学的唯一原因,因为正如恩格斯指出的,"当我们要寻找极端的幻想、盲从和迷信时,如果不到那种像德国自然哲学一样竭力把客观世界嵌入自己主观思维框子里的自然科学派别中去寻找,而到那种单凭经验、非常蔑视思维、实际上走到了极端缺乏思想的地步的相反派别中去

　　①　[德]施莱登:《谢林和黑格尔与自然科学的关系》,莱比锡1844年,第22、60页。

　　②　《高斯与舒马赫之间的书信》,阿托那1862年,第4卷第337页。

　　③　《洪堡特致瓦恩哈根·封·恩泽的书信集》,莱比锡1860年,第90页。

　　④　[德]赫尔姆霍茨:《自然与自然科学》,慕尼黑1923年,第113页。

寻找,那么我们就大致不会犯什么错误"①。问题在于,正当自然过程的辩证性质迫使人们不得不接受的时候,正当只有辩证法能够帮助自然科学战胜理论困难的时候,经验主义自然科学家并没有看到黑格尔自然哲学中包含的许多有见识的合理内核,反而把它的辩证法思想和它的唯心主义虚构一起抛到九霄云外,因而又无可奈何地堕落到旧形而上学中去了。这才是在自然科学研究中蔑视黑格尔自然哲学的重要原因。

与经验主义自然科学家全盘否定黑格尔自然哲学的态度相反,马克思主义创始人对黑格尔自然哲学采取了科学的态度。马克思在他的青年时代准备博士论文时就认真研究了黑格尔《自然哲学》,写出了一份充分反映它的内容的提纲,以便将它与自己所研究的伊壁鸠鲁自然哲学加以对比②。恩格斯在着手拟订辩证唯物主义自然观时,曾经请马克思给他寄一本黑格尔的《自然哲学》,想把黑格尔写的东西同当时自然科学的最新成就加以比较③。他在他所撰写的《自然辩证法》和《反杜林论》里对黑格尔自然哲学(包括逻辑学中的自然哲学内容)作了全面的、历史的评价。首先,恩格斯肯定了黑格尔自然哲学包含着许多真正好的东西和可以结实的萌芽。他指出,"旧的自然哲学有许多谬见和空想,可是并不比当时经验主义的自然科学家的非哲学理论包含得多,至于它还包含许多有见识的和合理的东西,那么这点自从进化论传布以来,已开始为人们所了解了"④。属于这些合理的东西的,既有黑格尔对于自然界中存在的客观辩证法的揭示和预测,也有他对于人认识自然的主观辩证法的论述和猜想。其次,恩格斯批判了黑格尔自然哲学的唯心主义出发点。他明确

---

① 恩格斯:《自然辩证法》,《马克思恩格斯全集》第20卷,第389页。
② 参看《马克思恩格斯全集》第40卷,第176—182页。
③ 参看《马克思恩格斯全集》第29卷,第324页。
④ 恩格斯:《反杜林论》,《马克思恩格斯全集》第20卷,第14页。

指出,"对我来说,事情不在于把辩证法的规律从外部注入自然界,而在于从自然界找出这些规律并从自然界里加以阐发"①。他批评了黑格尔自然哲学的种种错误和缺点,指出它们一方面是从黑格尔体系本身而来的,另一方面也与 18 世纪末和 19 世纪初自然科学的状况有关。在当时,自然科学还没有建立起细胞学说、能量守恒和转化定律以及生物进化论,还不能使人们对各个自然过程的相互联系的认识有大踏步的前进,因而就造成了黑格尔用幻想的联系去代替现实的联系的恶果。最后,关于黑格尔的自然哲学的历史命运,恩格斯说,"随着唯心主义出发点的没落,在这个出发点上构成的体系,从而特别是黑格尔的自然哲学,也就没落了"②。在马克思主义的自然辩证法学说建立以后,黑格尔的自然哲学已经成为一种被扬弃了的思想遗产,它与马克思主义自然辩证法的关系,正像空想社会主义与科学社会主义的关系一样。

恩格斯在谈到经验主义自然科学家否定黑格尔哲学的态度时指出,虽然他们反对唯心主义的出发点和违背事实的任意虚构是正确的,但"蔑视辩证法是不能不受惩罚的"③。果然,在 19 世纪末和 20 世纪初,当物理学的概念基础和基本原理发生了变革,用牛顿力学体系解释整个物理世界的纲领过渡到以相对论和量子力学为核心的新研究纲领时,一些自然科学家出现了哲学观点的混乱。他们在旧的机械唯物主义自然观崩溃的过程中,对辩证法不自觉,不懂得真理的相对性与绝对性的关系,得出了许多唯心主义的结论。正如列宁指出的,"新物理学陷入唯心主义,主要就是因为物理学家不懂得辩证法。他们反对形而上学(是恩格斯所说的形而上学,不是实证论者即休谟主义者所说的形而上学)的唯物主义,反对它的片面的'机械性',可是同时把小孩和水一起从浴盆里泼出

---

① 恩格斯:《反杜林论》,《马克思恩格斯全集》第 20 卷,第 15 页。
② 恩格斯:《自然辩证法》,《马克思恩格斯全集》第 20 卷,第 387 页。
③ 恩格斯:《自然辩证法》,《马克思恩格斯全集》第 20 卷,第 399 页。

去了。他们在否定迄今已知的元素和物质特性的不变性时,竟否定了物质,即否定了物理世界的客观实在性。他们在否定一些最重要的和基本的规律的绝对性质时,竟否定了自然界中的一切客观规律性,竟宣称自然规律是单纯的约定、'对期待的限制'、'逻辑的必然性'等等。他们在坚持我们知识的近似的、相对的性质时,竟否定了不依赖于认识并为这个认识所近似真实地、相对正确地反映的客体。诸如此类,不一而足"①。

与自然科学家遭到的这种惩罚相呼应,在研究自然科学哲学问题的领域中,一方面实证主义思潮广泛地流行起来,另一方面黑格尔自然哲学进一步受到了现代资产阶级哲学家的轻视,甚至被他们歪曲得面目全非②。无论是德国新黑格尔派库·费舍尔(K.Fischer)的《黑格尔的生平、著作和学说》(海得堡 1901),还是荷兰新黑格尔派盖·约·博兰德(G.J.Bolland)的《黑格尔的哲学全书》(莱顿 1906),都是以少得极其可怜的篇幅叙述黑格尔自然哲学的,他们丝毫也没有想到此中包含的天才思想与物理学革命的联系。尤其严重的是新黑格尔派里·克罗纳(R.Kroner)用非理性主义与不可知论歪曲黑格尔的自然哲学思想,他说,"虽然自然哲学是思考自然概念的,要通过这种思考,显示出自然与其概念的同一性;但同时自然并不是与其概念同一的,并不符合于其概念,反而是没有概念的、没有规则的、违反理性的和偶然的东西,是自然本身的反面,即非自然、非概念的东西。因此,对自然的思维并不能把握自然"③。于是,黑格尔的自然哲学就被贬低到了毫无价值的地步,或用尼·哈特曼(N.Hartmann)的话来说,"自然哲学成了黑格尔的一个继子"④。

但是,自然界是辩证法的试金石。20 世纪自然科学的一系列伟大发

---

① 列宁:《唯物主义和经验批判主义》,人民出版社 1960 年版,第 262 页。
② 参看贺麟:《关于黑格尔自然哲学的评价问题》,载《新建设》1964 年第 5、6 期。
③ [德]克罗纳:《从康德到黑格尔》下卷,图宾根 1924 年,第 514—515 页。
④ [德]哈特曼:《德国唯心主义哲学》,第二部分,柏林 1929 年,第 283 页。

现,逼着自然科学家再也不能让自己的头脑束缚在旧形而上学的枷锁中。他们经过长期艰苦的摸索,走过种种迂回曲折的道路,克服了许许多多的障碍,终于自觉或不自觉地接受了自然发展过程的某些辩证性质。所以,有一些现代自然科学家相继改变了对待黑格尔自然哲学的态度,谈到这位唯心辩证法大师对 20 世纪某些自然科学成就的预见,认为他的思维方式对于克服当前自然科学理论难题可能有所帮助。例如,埃·薛定锷(E.Schrödinger)认为,"黑格尔的哲学体现着进化观念,因而使自己的生命远远超过其自然的时间,而延续到了我们的时代"①。卡·弗·封·魏扎克(K.F.v.Weizsäcker)在探讨科学的意义时指出,"我们必须力争摆脱黑格尔影响的那个时代已经过去","我相信,他的思维方式也可以彻底应用到我们自己所处的历史环境中"②。麦·玻恩(M.Born)注意到黑格尔对康德"自在之物"的批判的正确方面,他说,"如果把现代物理学、特别是原子物理学中研究的那些客体与康德的'自在之物'等同起来,人们就能够同意黑格尔所说的它们是'极端抽象'"③。路·封·贝塔朗菲(L.v.Bertallanffy)肯定了黑格尔是提出和探讨过系统理论的历史先驱之一,他与其他先驱一样,认为"历史过程不是完全偶然的,而是遵循着能够加以确定的规则或规律的"④。

随着现代自然科学家的态度的这种变化,有些研究黑格尔的资产阶级学者也开始对黑格尔自然哲学采取了历史的态度,认识到此中包含的合理内容。例如,乔·里·格·缪尔(G.R.G.Mure)带着原谅的口气写道,"如果一位熟习现代科学的读者能够记住黑格尔思考的是 19 世纪初叶的科学,而不是 20 世纪中叶的科学,那么,黑格尔自然哲学中最令他

---

① [奥]薛定锷:《科学理论与人》,纽约 1935 年,第 103 页。
② [德]魏扎克:《科学的重要性》,斯图加特 1964 年,第 190—192 页。
③ [德]玻恩:《我的一生和我的观点》,商务印书馆 1979 年版,第 99 页。
④ [美]贝塔朗菲:《一般系统论》,纽约 1968 年,第 11、198 页。

感到可笑的荒谬性就会消失不见了"①。罗·乔·柯林伍德(R.G.Collingwood)从另一方面看出,"今天的物理科学已经达到了关于物质和力的这样一种观点,这种观点是颇与黑格尔的自然理论符合的"②。这种发展趋势现在已经在两个方面取得了一些积极的成果。一个方面在于用历史的眼光重新考证、编辑和出版了黑格尔在不同年代所写的自然哲学著作,例如在奥·鲍格勒(O.Pöggeler)主持下编辑出版的黑格尔耶拿时期的三部分自然哲学著作(收入《黑格尔全集》,莱茵兰-威斯特伐利亚科学院版,第6—8卷,汉堡1975—1976),由马·吉斯(M.Gies)编辑的黑格尔柏林时期的自然哲学讲演录(第1卷,那不勒斯1982)。另一方面在于结合自然科学发展的历史与现状,研究黑格尔自然哲学中的活东西,例如阿·皮特(A.Pitt)的《黑格尔哲学中的自然辩证法范畴与量子力学的自然描述的统计学特征》(布赖斯高地区夫赖堡1971)、德·封·恩格哈特(D.v.Engelhardt)的《黑格尔与化学》(威斯巴登1976)、奥·布赖特巴赫(O.Breidbach)的《黑格尔对有机体的哲学思考》(维尔茨堡1982)以及德·旺戴施奈得(O.Wandschneider)《从黑格尔的自然哲学来看空间、时间和相对性》(法兰克福1982)。不容否认,这些研究已经打破了那种长期忽视黑格尔自然哲学的局面,做出了有益的探索,但同时我们也看到两种值得注意的倾向。一种倾向在于摘引黑格尔《自然哲学》的个别字句,把它们解释成某些现代自然科学原理。例如,伯·施泰费尔丁(B.Steverding)在正确反对那种认为黑格尔自然哲学纯属荒谬的见解时,就走到了另一极端,竟然认为"黑格尔关于热的规定很容易被解释为热力学第二定律的自然哲学表达"③。另一种倾向在于把黑格尔自然哲学歪曲为"彻

---

①　[英]缪尔:《黑格尔逻辑学研究》,牛津1950年,第359页。
②　[英]柯林伍德:《自然的观念》,牛津1945年,第127页。
③　[德]施泰费尔丁:《关于黑格尔的自然哲学》,载西德《物理学丛刊》,1961年第9期。

底的实在论"，用以对抗马克思主义自然辩证法学说。例如，约·诺·封德里(J.N.Findlay)就把黑格尔的自然哲学解释成"一种十分值得注意的实在论和唯物论的基础"，竭力否认自然辩证法与旧自然哲学的根本对立，说什么黑格尔的辩证法"也不可能由卡尔·马克思倒转过来，以脚立地"①，这就完全暴露了他对待马克思主义哲学的立场。

马克思主义自然辩证法学说在扬弃了黑格尔自然哲学以后，已经随着科学的进步而得到了巨大的发展。在这个发展过程中，任何复活旧自然哲学的企图当然都不仅是多余的，而且是倒退的。但是，旧自然哲学也提出了一些天才的思想，预测到一些后来的自然科学发现，所以，依据当代自然科学的最新成就，批判地研究这份富有内容的理论遗产，仍然有着一定的现实意义。列宁在《论战斗唯物主义的意义》里提出，为了抵抗种种反动哲学流派对现代自然科学的侵袭，为了找到自然科学革命所提出的种种哲学问题的解答，就应该从唯物主义的观点对黑格尔的辩证法组织系统的研究。他说，"唯物主义如果不给自己提出这样的任务并有步骤地去执行这个任务，它就不能成为战斗的唯物主义"②。列宁深刻地揭示了黑格尔辩证法对现代自然科学具有的巨大意义，而他所提出的这个任务当然也包括对于黑格尔自然哲学思想的研究。

不过，在马克思主义哲学家当中对黑格尔自然哲学的评价也不完全相同。早在19世纪90年代，普列汉诺夫就认为"自然哲学乃是德国唯心主义的薄弱方面"③。这种看法是在那个漠视黑格尔自然哲学的时期提出的，因而也是可以理解的。尽管这种看法在后来的漫长岁月里于无形

---

① 　[法]封德里:《黑格尔的现实》，载法国《哲学文库》，1961年第3、4期。
② 　列宁:《论战斗唯物主义的意义》。《列宁选集》第4卷，第609—610页。
③ 　[俄]普列汉诺夫:《论一元论历史观之发展》，《普列汉诺夫哲学著作选集》第1卷，三联书店1959年版，第643页。

中占了上风，并且它至今还以某种改变了的形式而继续存在着①，但随着把德国古典哲学宣布为对法国资产阶级革命的反动的那个时期的结束，它的声音已经变得越来越微弱了。在当前，有一些马克思主义哲学家已经认识到，应该对黑格尔自然哲学重新作出公正的历史评价，从中发掘合理的东西。马·莫·罗森塔尔（М.М.Розенталь）主编的《马克思主义辩证法史》特别另辟章节，探讨恩格斯对德国自然哲学的评价，其中写道："在指出黑格尔离开了康德的发展论以后，恩格斯对黑格尔自然哲学的重视无可比拟地超过了对这位科尼斯堡哲学家学说的重视，恩格斯重新唯物主义地理解了黑格尔的许多原理，并为它们在辩证唯物主义学说中找到了地位。""当然，黑格尔的自然哲学观念在许多方面已经过时了。但他的辩证法，用唯物主义的精神重新加以理解，依然是研究工作中的有力武器，他的认识论的一系列原理，在反对自然科学家当中各种各样实证主义的、实用主义的、工具主义的以及其他类型的摇摆态度的斗争里依然具有威力"②。马·亚·布拉托夫（М.А.Булатов）在谈到用黑格尔辩证法寻找自然科学革命提出的哲学问题的答案时，更进一步指出，"时至今日，《自然哲学》还没有用来回答上述问题。从普列汉诺夫开始，这部著作就被看作最薄弱的作品。""尽管黑格尔的自然哲学具有唯心主义性质，在具体问题上有许多错误，但在黑格尔体系的这一领域也有一系列深刻论点。例如，他肯定了物质和运动的不可分割性，认为'就像没有无物质的运动一样，也没有无运动的物质'。他证明了空间、时间与物质的不

---

①　例如，阿·巴·奥古尔佐夫在给黑格尔《自然哲学》俄文新译本所写的跋文中，虽然肯定了黑格尔的某些合理论点，但依然认为，"《自然哲学》是他的体系的最薄弱的部分，既对理论自然科学的影响微乎其微，也对从哲学方法论上理解科学成就作用不大"。（黑格尔：《自然哲学》，莫斯科1975年，俄文版，第595页）

②　[德]罗森塔尔主编：《马克思主义辩证法史·从马克思主义产生到列宁主义阶段之前》，人民出版社1982年版，第381、388页。

可分割性,尤其可贵的是他证明了空间和时间本身的不可分割性,从而预测到阿·爱因斯坦的一个基本思想。除此以外,还可以指出他在自然科学中作出的一系列发现,例如化学过程中的质量转化,对微积分的辩证分析等等"①。

在我们看来,重要的是回顾过去,展望未来,明确地认识到:恩格斯根据他那个时代达到的自然科学成就,批判地研究和吸取了黑格尔自然哲学的合理内容,建立了自然辩证法学说,给我们树立了光辉的榜样;现在摆在我们面前的一个课题,就是要根据现代自然科学的成就,从辩证唯物主义观点进一步研究黑格尔自然哲学,以提高我们对德国古典哲学和自然科学哲学问题的研究工作。正像那种美化黑格尔自然哲学的倾向是错误的一样,否认研究黑格尔自然哲学的意义也同样是错误的。这就是我们在回顾黑格尔自然哲学的历史命运时得到的启示。

---

① ［俄］布拉托夫:《列宁对德国古典哲学的分析》,基辅 1974 年,第 35 页。

责任编辑:张伟珍

图书在版编目(CIP)数据

论黑格尔的自然哲学:《哲学全书·第二部分·自然哲学》导读/梁志学
　著. —北京:人民出版社,2018.1(2020.1 重印)
ISBN 978-7-01-018844-7

Ⅰ.①论…　Ⅱ.①梁…　Ⅲ.①黑格尔(Hegel,Georg Wehelm 1770-
1831)-自然哲学-研究　Ⅳ.①B516.35

中国版本图书馆 CIP 数据核字(2018)第 008565 号

论黑格尔的自然哲学

LUN HEIGE'ER DE ZIRAN ZHEXUE

——《哲学全书·第二部分·自然哲学》导读

梁志学　著

人民出版社 出版发行

(100706　北京市东城区隆福寺街 99 号)

环球东方(北京)印务有限公司印刷　新华书店经销

2018 年 1 月第 1 版　2020 年 1 月北京第 2 次印刷
开本:710 毫米×1000 毫米 1/16　印张:10
字数:140 千字　印数:2,001-4,000 册

ISBN 978-7-01-018844-7　定价:28.00 元

邮购地址 100706　北京市东城区隆福寺街 99 号
人民东方图书销售中心　电话 (010)65250042　65289539